GOVERNANÇA E SUSTENTABILIDADE
UM ELO NECESSÁRIO NO BRASIL

RENATO CADER
TERESA VILLAC

Prefácio
Antonio Herman Benjamin

GOVERNANÇA E SUSTENTABILIDADE
UM ELO NECESSÁRIO NO BRASIL

1ª reimpressão

Belo Horizonte

CONHECIMENTO JURÍDICO
2023

© 2022 Editora Fórum Ltda.
2023 1ª Reimpressão

É proibida a reprodução total ou parcial desta obra, por qualquer meio eletrônico, inclusive por processos xerográficos, sem autorização expressa do Editor.

Conselho Editorial

Adilson Abreu Dallari
Alécia Paolucci Nogueira Bicalho
Alexandre Coutinho Pagliarini
André Ramos Tavares
Carlos Ayres Britto
Carlos Mário da Silva Velloso
Cármen Lúcia Antunes Rocha
Cesar Augusto Guimarães Pereira
Clovis Beznos
Cristiana Fortini
Dinorá Adelaide Musetti Grotti
Diogo de Figueiredo Moreira Neto (*in memoriam*)
Egon Bockmann Moreira
Emerson Gabardo
Fabrício Motta
Fernando Rossi
Flávio Henrique Unes Pereira

Floriano de Azevedo Marques Neto
Gustavo Justino de Oliveira
Inês Virgínia Prado Soares
Jorge Ulisses Jacoby Fernandes
Juarez Freitas
Luciano Ferraz
Lúcio Delfino
Marcia Carla Pereira Ribeiro
Márcio Cammarosano
Marcos Ehrhardt Jr.
Maria Sylvia Zanella Di Pietro
Ney José de Freitas
Oswaldo Othon de Pontes Saraiva Filho
Paulo Modesto
Romeu Felipe Bacellar Filho
Sérgio Guerra
Walber de Moura Agra

FÓRUM
CONHECIMENTO JURÍDICO

Luís Cláudio Rodrigues Ferreira
Presidente e Editor

Coordenação editorial: Leonardo Eustáquio Siqueira Araújo
Aline Sobreira de Oliveira

Rua Paulo Ribeiro Bastos, 211 – Jardim Atlântico – CEP 31710-430
Belo Horizonte – Minas Gerais – Tel.: (31) 99412.0131
www.editoraforum.com.br – editoraforum@editoraforum.com.br

Técnica. Empenho. Zelo. Esses foram alguns dos cuidados aplicados na edição desta obra. No entanto, podem ocorrer erros de impressão, digitação ou mesmo restar alguma dúvida conceitual. Caso se constate algo assim, solicitamos a gentileza de nos comunicar através do *e-mail* editorial@editoraforum.com.br para que possamos esclarecer, no que couber. A sua contribuição é muito importante para mantermos a excelência editorial. A Editora Fórum agradece a sua contribuição.

Dados Internacionais de Catalogação na Publicação (CIP) de acordo com ISBD

C122g	Cader, Renato
	Governança e sustentabilidade / Renato Cader, Teresa Villac. 1. Reimpressão. - Belo Horizonte : Fórum, 2022.
	155p.; 14,5cm x 21,5cm.
	ISBN: 978-65-5518-395-5
	1. Direito. 2. Direito Administrativo. 3. Administração Pública. 4. Gestão ambiental. I. Cader, Renato. II. Villac, Teresa. III. Título.
2022-1335	CDD 341.3
	CDU 342.9

Elaborado por Vagner Rodolfo da Silva - CRB-8/9410

Informação bibliográfica deste livro, conforme a NBR 6023:2018 da Associação Brasileira de Normas Técnicas (ABNT):

CADER, Renato; VILLAC, Teresa. Governança e sustentabilidade. 1. Reimp. Belo Horizonte: Fórum, 2022. 155p. ISBN 978-65-5518-395-5.

À minha mãe Kadige, minha maior fortaleza, quem me fez acreditar que eu pudesse chegar até aqui.

Renato

À Maria Izabel, exemplo de vida, mãe amada e amiga.

Teresa

LISTA DE FIGURAS E QUADROS

FIGURA 1 – Práticas e mecanismos de governança e de sustentabilidade
FIGURA 2 – Relação entre Governança e Gestão
FIGURA 3 – Objetivos do Desenvolvimento Sustentável
FIGURA 4 – Aspectos de Governança e de Sustentabilidade nas Políticas Organizacionais
FIGURA 5 – Benefícios das compras compartilhadas sustentáveis
FIGURA 6 – Etapas do Ciclo de Vida de um produto

QUADRO 1 – Agenda 21 Global: Governança pública e sustentabilidade
QUADRO 2 – Mecanismos para integrar governança pública e sustentabilidade
QUADRO 3 – Políticas e normas sobre critérios de sustentabilidade nas contratações
QUADRO 4 – As diferentes dimensões e os critérios de sustentabilidade
QUADRO 5 – As cinco categorias de barreiras de compras sustentáveis
QUADRO 6 – Fatores organizacionais e questões adjacentes
QUADRO 7 – Visão geral dos vieses da cognição humana relevantes para o comportamento sustentável
QUADRO 8 – Vieses e comportamentos na tomada de decisão
QUADRO 9 – Fatores comportamentais e questões adjacentes

SUMÁRIO

PREFÁCIO
Antonio Herman Benjamin 13

CAPÍTULO 1
GOVERNANÇA E SUSTENTABILIDADE: POR QUE ESTE TEMA IMPORTA NO BRASIL? 17
1.1   Introdução 17
1.2   Apresentação 19

CAPÍTULO 2
GOVERNANÇA NO SETOR PÚBLICO 21
2.1   Contextualização: conceitos e princípios 21
2.2   Gestão de Riscos 25
2.3   Governança e gestão estratégica 26
2.4   Transparência e *accountability* 29
2.5   *Compliance*, medidas anticorrupção e os órgãos de controle ... 32
2.6   O Brasil e a OCDE 34
2.7   *Legal Design* e *Visual Law* 36

CAPÍTULO 3
SUSTENTABILIDADE NO SETOR PÚBLICO 39
3.1   Contextualização 39
3.2   A Constituição Federal de 1988 e a Declaração do Rio 41
3.3   Agenda 21 43
3.4   Dos Objetivos do Milênio aos Objetivos do Desenvolvimento Sustentável – ODS 49
3.5   Instrumentos e ferramentas oficiais brasileiros 52
3.5.1   Agenda Ambiental na Administração Pública – A3P 53
3.5.2   Plano de Gestão e Logística Sustentável – PLS 56
3.5.3   Iniciativas da Advocacia-Geral da União 57
3.5.3.1   Guia Nacional de Contratações Públicas Sustentáveis ... 57
3.5.3.2   Parecer nº 001/2021/CNS/CGU/AGU 59
3.5.3.3   Alinhamento das iniciativas para uma governança pública com sustentabilidade 60

CAPÍTULO 4
RELATÓRIOS DE SUSTENTABILIDADE: REFLEXÕES NECESSÁRIAS 63
4.1 Padrão GRI – *Global Report Initiative* 64
4.2 Padrão ESG – *Environment, Social, Governance* 66

CAPÍTULO 5
INSTRUMENTOS DE GOVERNANÇA E DE SUSTENTABILIDADE 71
5.1 Desafios 71
5.2 Contratações Públicas Sustentáveis: essenciais à governança sustentável brasileira 73
5.2.1 Contextualização: perspectivas nacional e internacional 74
5.2.2 Políticas e normas 79
5.2.3 Nova Lei de Licitações e governança 84
5.2.4 Tribunal de Contas da União e contratações sustentáveis em uma perspectiva de governança 86
5.2.5 Critérios de sustentabilidade 91
5.2.6 Fases para articulação com governança sustentável 94
5.2.7 Dimensão ética 95
5.3 Barreiras e casos práticos 96
5.4 Fatores organizacionais 104
5.5 Fatores comportamentais: vieses e heurísticas 112
5.6 Compras compartilhadas: governança sustentável em ação 124
5.6.1 Benefícios das contratações compartilhadas 127
5.7 Gestão de Resíduos 131
5.7.1 A evolução dos paradigmas: da Produção Mais Limpa – P + L à Economia Circular 131
5.7.2 Gestão de resíduos: avanços e desafios de implementação 135

CAPÍTULO 6
GOVERNANÇA E SUSTENTABILIDADE: O ELO NECESSÁRIO ... 139
6.1 A contribuição da Ciência para a governança pública, em face das mudanças climáticas 139
6.2 A transversalidade dos temas 140
6.3 Inovação no setor público 142
6.4 Lideranças: um olhar para o futuro 144

REFERÊNCIAS 147

PREFÁCIO

As últimas décadas têm sido marcadas pelo agravamento, em escala global, da problemática socioambiental. São crises existenciais para a humanidade: mudanças climáticas, colapso da biodiversidade, agravamento da pobreza extrema e das desigualdades sociais e, mais recentemente, a longa pandemia que ceifou milhões de vidas. Por qualquer ângulo que se olhe, nota-se a urgente e inevitável necessidade de fortalecimento das ações públicas – ou seja, de presença e engajamento firmes do *Estado Ecossocial de Direito* –, atividade cada vez mais lastreada na dignidade da pessoa humana e da comunidade da vida como um todo, na atuação de precaução e em novos ditames de índole moral, política e jurídica, como o princípio *in dubio pro natura* e o princípio da proibição de retrocesso.

Crescem, portanto, as demandas de políticas públicas (e de marcos regulatórios correlatos) que fortaleçam os elos entre governança e sustentabilidade ecológica, de modo a garantir a manutenção e o bem-estar plenos do *viver planetário*. Esse, certamente, é o patamar civilizatório que deve nos guiar agora e nas próximas décadas. Guiar como indivíduos, guiar como sociedade e guiar como Estado.

A multiplicação de padrões mundiais de produção e consumo insustentáveis colocou em xeque a capacidade de resiliência do Planeta e, embora o alerta não seja recente, a conscientização (e, consequentemente, a ação) ainda segue letárgica e insatisfatória.

Diante desse drama perceptível em tempo real, há de se acreditar que a humanidade seja capaz de aplicar e disseminar valores fundamentais de cunho ecossocial, de modo a consolidar uma cultura de identidade com a Natureza, e não de animosidade contra ela. Uma cultura sensível ao conhecimento científico, que incorpore a transdisciplinaridade e a transversalidade como método e a integração de saberes e do viver social como pressuposto.

Nesse contexto, as diversas matizes do conhecimento podem e precisam contribuir de alguma maneira para a mudança de curso (e de base substantiva) nos processos decisórios públicos e privados. Espera-se que possam, sobretudo, auxiliar em reajuste de rota, orientando-a por mapa condutor que seja ético, vinculado ao interesse público, e não a interesses predominantemente financeiros e de curto prazo, deformações que relegam e condicionam a enésimo plano a governança e a sustentabilidade ecológica.

Os autores do livro, especialistas na temática, propõem-se a apresentar e a analisar como essas duas concepções (governança e sustentabilidade) interrelacionam-se, aproximando-as e, assim, corrigindo equívocos, tanto na literatura quanto na prática pública, que insistem em negar-lhes um caminhar sinérgico. À contextualização e ao aprofundamento teórico da governança e da sustentabilidade, às suas ferramentas e possibilidades de atuação, agregam-se reflexões críticas sobre GRI, ESG e programas brasileiros A3P e PLS. São investigados também barreiras nas organizações, fatores comportamentais e desafios para o estabelecimento de parâmetros organizacionais daquilo que se possa, com fundamentos éticos e constitucionais, considerar, ou não, como legítimo exercício de uma *boa governança ecossocial* para o Século XXI.

Com clareza, os autores instigam o debate e trazem proposições focadas na *implementação* da governança pública, o calcanhar de Aquiles das políticas de tutela do meio ambiente e de superação da pobreza: as "leis de mentirinha" ou do "Estado Teatral", que já descrevi em outra ocasião, chaga encontrada no mundo inteiro, mas particularmente generalizada no Estado brasileiro.

Entre nós, fala-se muito em políticas públicas, mas somos francamente mudos no que tange a apontar as suas fragilidades e, por vezes, os desvios abertos e gritantes no seu exercício, inclusive das que estão, ponto por ponto, legisladas. Nessa perspectiva de ruptura entre teoria e realidade, a sustentabilidade ecológica vira lugar comum no discurso político, mas o cotidiano continua tão corrosivo para os processos ecológicos essenciais e para os pobres como sempre foi. Nem a Constituição nem a lei conseguem frear a *governança ecossocialmente insustentável*. Ainda somos, infelizmente, o País em que o degradador recebe prêmios e reconhecimento público, e o Defensor do meio ambiente e dos vulneráveis corre o risco de ir para a cadeia ou, pior, de ser assassinado.

Carecemos, pois, de profundo repensar e de sincera autocrítica, à luz do magnífico texto da Constituição Federal de 1988, das políticas públicas e do seu papel de transformação efetiva do "estado de coisas insustentáveis" que ainda nos caracteriza e domina. Tal reflexão certamente demandará inovação organizacional e coragem nas e das instituições de Estado, que ainda carecem de medidas efetivas voltadas à completa garantia de transparência, *compliance*, comportamento colaborativo, *accountability* e integridade dos agentes públicos e da máquina estatal como sistema. Tais componentes são vitais para a realização de um País socialmente justo, ambientalmente equilibrado, economicamente pujante e culturalmente diverso.

É oportuno frisar que o elo inexorável entre governança e sustentabilidade ecológica no setor público brasileiro não pode desconsiderar acordos e tendências internacionais sobre o assunto. Aqui, destacam-se os Objetivos do Desenvolvimento Sustentável (ODS) da ONU. Sob tal guarda-chuva de diretrizes internacionais, nacionais e locais, as lideranças públicas passam a ser, mais do que nunca, peças vitais para a implementação e o fortalecimento do Estado Ecossocial de Direito, democraticamente estruturado: um Estado centrado na sustentabilidade ecológica, vista como preceito ético-jurídico inafastável.

Em conclusão, estão de parabéns Renato Cader e Teresa Villac, ao trazerem à lume interlocução esclarecedora sobre conceitos, princípios e dimensões da governança e da sustentabilidade. A partir da contextualização histórica e teórica, nos presenteiam com um livro que, sem dúvida, ampliará a compreensão da temática, tão complexa quanto imprescindível à construção do *Grande Brasil Ecossocial* que merecemos.

Antonio Herman Benjamin
Ministro do Superior Tribunal de Justiça (STJ). *Founding Member and Chair* do Global Judicial Institute on the Environment. Presidente Emérito da Comissão Mundial de Direito Ambiental da UICN.

CAPÍTULO 1

GOVERNANÇA E SUSTENTABILIDADE: POR QUE ESTE TEMA IMPORTA NO BRASIL?

1.1 Introdução

As relações entre governança pública e sustentabilidade ainda seguem embrionárias na literatura nacional. A junção de dois temas por si só complexos e ainda não suficientemente disseminados nos órgãos públicos brasileiros é desafio a que se propõe desenvolver o presente estudo.

O fundamento é constitucional, ético, racional e humanístico. Pressuposto de que a eficiência nos órgãos públicos é muito mais do que econômica, dos prazos e resultados mensuráveis. A mensuração é necessária, pressuposto básico para o monitoramento e a avaliação do que é implementado e como o é. Eficiência, contudo, tem assento constitucional e como tal deve ser considerada, sistemicamente encadeada com as demais diretrizes constitucionais, dentre as quais se destaca a imposição de o Poder Público defender e preservar o meio ambiente para as presentes e futuras gerações.

Sob essa perspectiva, as instituições devem se ancorar na concatenação da ideia da eficiência com os conceitos de eficácia e de efetividade. O primeiro está atrelado aos resultados, e o último está associado à qualidade da prestação do serviço público e à satisfação do usuário. Com efeito, a sociedade passa a ser o elo principal entre governança e a sustentabilidade, o que sugere a análise dos elementos que constituem cada uma dessas dimensões.

O desenvolvimento sustentável, por sua vez, é concepção ampla, fruto de processo histórico de décadas e sua referência passou a também constar de leis, decretos e normas infralegais brasileiras que disciplinam as políticas públicas setoriais, as licitações e contratações públicas, a aquisição de bens e serviços comuns e obras, as orientações quanto ao planejamento das contratações e os planos de logística de órgãos públicos. Como trazer ao gestor público brasileiro essa concepção para que possa operacionalizá-la?

Nessa senda, pode-se vislumbrar o elo necessário com a governança. A análise de como o conceito de governança se insere na perspectiva da sustentabilidade envolve o conhecimento de mecanismos e instrumentos que se fazem necessários para o estabelecimento de uma noção aplicável do que é ou não uma boa governança. Isso implica muitas vezes na inovação organizacional, na transformação de valores e de cultura nas instituições públicas, haja vista a necessidade cada vez mais urgente de adotar ações mais efetivas para o fortalecimento da governança.

Sob esse prisma, é oportuno destacar que as instituições públicas brasileiras, de uma forma geral, carecem da implementação de medidas voltadas à melhoria da transparência, do ambiente de *accountability*, de *compliance*, de integridade, entre outras que se fazem necessárias. Tais elementos devem contribuir, sobretudo, para um país socialmente justo, ambientalmente equilibrado, economicamente eficiente e culturalmente diverso.

Ademais, é válido salientar que essas concepções estão em consonância com a perspectiva dos organismos internacionais, tais como os chamados Objetivos do Desenvolvimento Sustentável (ODS), da ONU, e as recomendações da OCDE. Destarte, as lideranças assumem papel cada vez mais relevante nesse desafio. São peças vitais para o fortalecimento do Estado Democrático de Direito, o desenvolvimento nacional sustentável e o enfrentamento das mudanças climáticas.

Os autores atuam com governança e gestão pública, consultoria jurídica e sustentabilidade e verificam na prática cotidiana quantas barreiras ainda existem para a efetivação de uma governança pública sustentável que se constitua e se desenvolva amplamente na União, nos Estados e Municípios. Comungam do entendimento de que a temática é transversal, não persevera a longo prazo se constituída com atuação voluntária ou visão reducionista técnico-burocrática; que há indicadores não uniformes e dos mais variados em órgãos públicos, ausência de diagnóstico nacional no assunto e que a atualmente tão falada mudança de cultura organizacional nem sempre é efetivada. Acreditam nas palavras conjugadas com ações, reconhecem a complexidade do tema e sentem-se amparados pela bússola de Edgar Morin.

Esta é uma publicação que objetiva ser contributiva, com todas as limitações e críticas a que possa estar sujeita por desbravar tema novo. As contribuições são bem vindas, fomentam o debate e aprimoram um campo em formação no Brasil, governança pública e sustentabilidade: o elo que faltava.

Há necessidade de que a teoria da governança pública se encadeie com a sustentabilidade e, nesse sentido, são apresentados conceitos, princípios, dimensões e a inafastável contextualização histórica, internacional e nacional dos dois campos e suas ferramentas, a fim de que uma nova teoria da governança pública possa ir se constituindo coletivamente no Brasil e, almeja-se, com contribuições e outros escritos teóricos sobre o tema.

1.2 Apresentação

Efetuada a introdução neste primeiro capítulo sobre a importância da interlocução entre os temas *governança* e *sustentabilidade* e do desenvolvimento de uma teoria que fundamente no Brasil este campo do conhecimento para sua aplicação prática, o segundo capítulo apresenta e debate criticamente a Governança no Setor Público, contextualizando-a com conceitos e princípios, detalhando a gestão de riscos, a gestão estratégica, a transparência e *accountability*. Temas relevantes são debatidos, como *compliance*, medidas anticorrupção e órgãos de controle, além das abordagens atuais sobre o Brasil e a OCDE, o papel do *Legal Design* e do *Visual Law*.

O terceiro capítulo aborda a Sustentabilidade no Setor Público, com contextualização do tema a partir do Decreto-Lei nº 200/67 e da Política Nacional de Meio Ambiente; a relevância da Constituição Federal de 1988 e a Agenda 21. O movimento histórico nacional e internacional no tema é destacado com reflexões sobre os Objetivos do Desenvolvimento Sustentável. O capítulo analisa o Programa Agenda Ambiental na Administração Pública, reporta-se ao Plano de Logística Sustentável e iniciativas da Advocacia-Geral da União.

Os relatórios de sustentabilidade Global Report Iniciative (GRI) e Environment, Social, Governance (ESG) são analisados no quarto capítulo, trazendo em visão crítica os padrões mais avançados que estão sendo debatidos mundialmente, principalmente o ESG.

Procurando trazer maior viabilidade prática às relações entre governança e sustentabilidade, no capítulo quinto são apresentados os desafios, bem como uma das ferramentas essenciais à governança sustentável brasileira: as contratações públicas sustentáveis. Sua configuração, fundamentos, fases, nova lei de licitações e entendimentos do Tribunal de Contas da União são apresentados e detalhados criticamente, bem como ressaltada a dimensão de ética pública e ambiental subjacente ao tema. Prossegue-se com a identificação e a análise crítica das barreiras para a implementação das contratações sustentáveis, seguindo-se com as compras compartilhadas como ferramenta para a governança pública sustentável em ação. A gestão de resíduos é debatida e inserida no contexto da produção mais limpa e da economia circular.

Por fim, o sexto capítulo ressalta as contribuições da Ciência e a importância da interdisciplinaridade na governança pública em face dos problemas ambientais e climáticos. A transversalidade dos temas é destacada e a inovação incentivada para avanços significativos, concluindo-se pela relevância do papel das lideranças para a governança pública com um olhar para o futuro.

CAPÍTULO 2

GOVERNANÇA NO SETOR PÚBLICO

2.1 Contextualização: conceitos e princípios

O "Fortalecimento da Governança" tem sido, hodiernamente, um dos maiores desafios enfrentados por gestores, formuladores de políticas e tomadores de decisão no setor público, logo, convém compreender os conceitos e princípios relacionados à governança no setor público. É válido salientar que Governança é um tema cada vez mais caro no setor público. Na visão do Banco Mundial, a perspectiva da governança visa à busca de maior efetividade, transparência e economicidade nas ações, com a função de definir o direcionamento estratégico, supervisionar a gestão, envolver as partes interessadas, gerenciar os riscos e conflitos, avaliar os sistemas de gestão e controle e promover mais transparência nos processos.[1]

Nota-se, a partir desse prisma, que há diversos elementos no processo de governança. No entanto, em uma pluralidade de situações tem se observado a perspectiva de construção de uma boa governança, relegando o princípio da sustentabilidade. Uma boa governança significa a boa capacidade de definição do direcionamento estratégico com um olhar sobre o desenvolvimento nacional sustentável, sobre o longo prazo e, sobretudo, sobre o bem-estar das futuras gerações.

Dessa forma, é oportuno ampliar a visão de governança com o foco global, visto que o país se encontra inserido em um contexto

---

[1] Cf.: Governance: the World Bank Experience. *World Bank*, 1994. Disponível em: http://documents.worldbank.org/curated/pt/711471468765285964/Governance-the-World-Banks-experience. Acesso em 01 ago. 2021.

de globalização e de alianças com diversas nações do planeta. Nesse sentido, é recomendável que o Brasil esteja ancorado na visão da ONU sobre o desenvolvimento sustentável. Esse conceito ganhou naquela agência uma trajetória merecedora de destaque.

Nos últimos anos, observou-se um movimento no sentido de agregar ao conceito de sustentabilidade outras dimensões relevantes até então pouco exploradas, como a governança. Um exemplo é a disseminação do conceito de ESG no mundo. O termo em inglês *ESG – Enviromental, Social and Governance* – significa a inclusão de fatores e/ou melhores práticas ambientais, sociais e de governança no ambiente de negócios. Esse novo conceito evidencia a relevância da relação do tema governança com a sustentabilidade, o que sugere que o Brasil esteja alinhado com a visão do mercado e com os países com quem mantém e pretende construir relações comerciais e eventuais alianças estratégicas.

É importante lembrar que a origem do termo está relacionada ao Pacto Global da ONU, lançado em julho de 2000 pelo então Secretário-Geral das Nações Unidas, Kofi Annan, como uma chamada para as empresas alinharem suas estratégias e operações a dez princípios universais nas áreas de Direitos Humanos, Trabalho, Meio Ambiente e Anticorrupção, bem para desenvolverem ações que contribuam para o enfrentamento dos desafios da sociedade. Infere-se, portanto, que a ideia de governança esteja ancorada nesses princípios nas diferentes interfaces do tema com os diversos projetos e programas governamentais.

Outrossim, os esforços na esfera internacional foram evoluindo. Em 2015, a Organização das Nações Unidas publicou os chamados "Objetivos do Desenvolvimento Sustentável – ODS". São 17 objetivos relacionados às dimensões social, ambiental e econômica da sustentabilidade. Os ODS acabam sendo uma forma de forçar a introdução do conceito de sustentabilidade na agenda política das nações.[2] Sendo assim, qualquer modelo de governança precisa estar alinhado a esses objetivos, sendo basilar o princípio da sustentabilidade.

É importante destacar que o termo governança se encontra sob o manto de uma diversidade de conceitos e também sob uma perspectiva que traz um conjunto robusto de princípios que transitam e se articulam com uma variedade de elementos, tais como *accountability* (prestação de contas), responsabilização dos agentes públicos, transparência,

---

[2] ONU Brasil. *Os objetivos de desenvolvimento sustentável no Brasil*. 2015. Disponível em: https://brasil.un.org/pt-br/sdgs#:~:text=e%20no%20mundo.-,Os%20Objetivos%20de%20 Desenvolvimento%20Sustent%C3%A1vel%20no%20Brasil,de%20paz%20e%20de%20 prosperidade. Acesso em 09 nov. 2021.

compliance, credibilidade de informações, gestão por resultados, competências, entre outros que direcionam a atuação dos gestores e das instituições e seus processos de execução das políticas públicas que ajam conforme o interesse público.

Para melhor compreensão da aplicação dos conceitos e princípios da governança pública, convém analisar a perspectiva do Tribunal de Contas da União, que tem sido considerado precursor do tema na Administração Pública Brasileira. Sendo assim, o TCU sintetizou o conceito de "Governança Pública Organizacional" com a seguinte definição: "Compreende, essencialmente, os mecanismos de liderança, estratégia e controle postos em prática para avaliar, direcionar e monitorar a atuação da gestão, com vistas à condução de políticas públicas e à prestação de serviços de interesse da sociedade".[3]

Além do conceito atribuído à Governança Pública Organizacional, o TCU, a partir de uma revisão de literatura internacional e do Decreto nº 9.203/2017 (norma pública de governança), extraiu um conjunto abrangente de princípios que funcionam como valores interdependentes, servindo de guia para a atuação das organizações públicas e outros entes jurisdicionados a aquele Tribunal na busca dos resultados pretendidos e fortalecendo a confiança da sociedade nessas organizações: capacidade de resposta, integridade, transparência, equidade e participação, *accountability*, confiabilidade e melhoria regulatória.[4]

Nessa esteira, a Nova Lei de Licitações – Lei nº 14.133/2021, por exemplo, traz um rol de instrumentos de governança, como o Plano Diretor de Logística Sustentável (PLS), o Plano de Contratações Anual, assim como as políticas de gestão de estoques e as compras compartilhadas, bem como a gestão de riscos. Esse é apenas um exemplo de norma que contempla a perspectiva da governança. É de bom alvitre que órgãos e entidades de todos os entes federativos se empenhem em publicar normas que fomentem o fortalecimento da governança institucional.

Nesse contexto, portanto, é imperioso que as instituições adotem modelos que residam em um conjunto de mecanismos e práticas que

---

[3] BRASIL. *Referencial Básico de Governança Organizacional para organizações públicas e outros entes jurisdicionados ao TCU*. 3. ed. Brasília: TCU, 2020. Disponível em: https://portal.tcu.gov.br/governanca/governancapublica/organizacional/levantamento-de-governanca/. Acesso em 14 fev. 2022.

[4] BRASIL. *Referencial Básico de Governança Organizacional para organizações públicas e outros entes jurisdicionados ao TCU*. 3. ed. Brasília: TCU, 2020. Disponível em: https://portal.tcu.gov.br/governanca/governancapublica/organizacional/levantamento-de-governanca/. Acesso em 14 fev. 2022.

fortaleçam a governança institucional e, ao mesmo tempo, fomentem o desenvolvimento nacional sustentável.

Por decorrência, tem-se como fundamental que os mecanismos e práticas de governança dialoguem também com o princípio da sustentabilidade nas contratações compartilhadas, conforme modelo apresentado na Figura 1, a seguir:

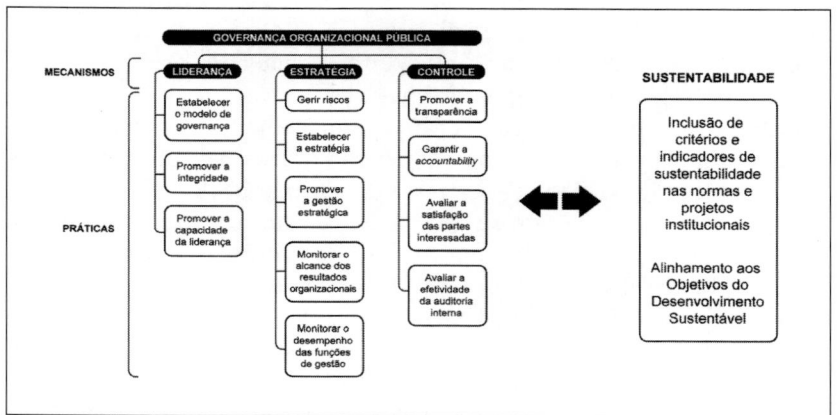

FIGURA 1 – Práticas e mecanismos de governança e de sustentabilidade

Fonte: TCU, 2020[5] (Adaptado pelos Autores com a inclusão da sustentabilidade).

Sob esse prisma, observa-se que é um desafio para gestores, burocratas e tomadores de decisão promoverem ao mesmo tempo práticas de governança e de sustentabilidade na gestão pública. Esse processo envolve diversas práticas de governança, tais como: estabelecimento de modelos de governança específicos de acordo com a estrutura e a cultura de cada organização; adoção dos programas de integridade; capacitação das lideranças; promoção da gestão estratégica; monitoramento dos resultados organizacionais; gestão de riscos, dentre outras.

Dentre as diversas práticas mencionadas, é importante destacar que a gestão de riscos deve ser concebida nos processos de planejamento e de execução dos diversos programas e projetos. Sendo assim, a próxima seção apresentará, de forma sucinta, os elementos mínimos relacionados ao gerenciamento de riscos nos processos organizacionais.

---

[5] BRASIL. *Referencial Básico de Governança Organizacional para organizações públicas e outros entes jurisdicionados ao TCU*. 3. ed. Brasília: TCU, 2020. Disponível em: https://portal.tcu.gov.br/governanca/governancapublica/organizacional/levantamento-de-governanca/. Acesso em 14 fev. 2022.

2.2 Gestão de Riscos

Segundo a norma ABNT ISO 31000, gestão de riscos é definida como "atividades coordenadas para dirigir e controlar uma organização no que se refere a riscos". A gestão de riscos é uma prática fundamental para a boa governança, sendo crucial na aplicação do conceito de sustentabilidade em projetos e processos de trabalho. Desse modo, convém analisar como implantar a gestão de riscos na interface da governança com a sustentabilidade.

Outrossim, é indubitável a necessidade de se construir uma cultura de gestão de riscos na organização. É oportuno frisar que a gestão de riscos deve ser aplicada sob duas perspectivas: a organizacional, que tem como foco as unidades organizacionais; e a processual, que tem como foco os processos de trabalho.

É importante pontuar que tanto na perspectiva organizacional quanto na perspectiva processual, o processo de gestão de riscos deve ser parte integrante de todas as atividades da organização, incluindo a tomada de decisão em todos os níveis. Isso é válido para quaisquer tipos de risco, como, por exemplo, normas, processos, projetos, programas relacionados à sustentabilidade e à governança.

Ademais, verifica-se que a norma internacional ISO 31000 recomenda que o processo de gestão de riscos seja parte integrante da gestão do negócio e da tomada de decisão, podendo ser aplicado aos níveis estratégico, operacional, de programas e de projetos.[6] Esse processo, descrito na norma ISO 31000, compreende cinco etapas principais, as quais permitem que o risco seja identificado, compreendido e modificado (tratado), se necessário, em relação a critérios de risco definidos pela própria organização como parte do processo.

A base do processo de gestão de riscos é o processo de avaliação de riscos (*'risk assessment'*), que deve conduzir ao tratamento de riscos. O processo de gestão de riscos contempla três etapas: identificação de riscos, análise de riscos e avaliação de riscos (*'risk evaluation'*). A identificação dos riscos é um processo de seleção inicial dos riscos potenciais, haja vista o conceito de risco estabelecido pela norma ISO 31000: "O efeito da incerteza sobre os objetivos". A análise de riscos, por sua vez, foca na compreensão de cada risco, suas consequências e a probabilidade dessas consequências. Já a análise de riscos fornece

---

[6] ABNT NBR. *Iso 31000*. 2009. Disponível em: https://gestravp.files.wordpress.com/2013/06/iso31000-gestc3a3o-de-riscos.pdf. Acesso em 10 mar. 2022.

uma entrada para a avaliação de riscos ('*risk evaluation*'), para decisões sobre eventual necessidade de tratamento de risco.

Portanto, segundo a mencionada norma, "o propósito da avaliação de riscos ('*risk evaluation*') é apoiar decisões sobre o nível de risco e a prioridade a ser dada, por meio da aplicação dos critérios de risco desenvolvidos à luz do contexto organizacional vigente.

Logo, chega-se a um instrumento basilar na gestão de riscos, contribuindo significativamente para o fortalecimento da governança, que é o chamado Plano de Tratamento de Riscos. O tratamento de riscos é a etapa na qual os controles existentes são aprimorados ou novos controles são desenvolvidos e implementados.

A finalidade dos planos de tratamento de riscos é documentar como as opções de tratamento escolhidas serão implementadas. Convém que as informações fornecidas nos planos de tratamento incluam: as razões para a seleção das opções de tratamento, incluindo os benefícios que se espera obter; os responsáveis pela aprovação e pela implementação do plano; as ações propostas; os recursos requeridos, incluindo contingências; as medidas de desempenho e restrições; os requisitos para a apresentação de informações e de monitoramento; e o cronograma e a programação.[7]

Convém, portanto, que os planos de tratamento sejam integrados com os processos de gestão da organização e discutidos com as partes interessadas. Inclusive, é importante que os tomadores de decisão e os atores que atuam direta ou indiretamente nos processos relacionados à governança e à sustentabilidade estejam cientes da natureza e da extensão do risco após o tratamento do risco.

Infere-se, portanto, que a gestão de riscos é crucial na formação da ideia do que sejam uma boa gestão e uma boa governança. Tal perspectiva deve estar inserida no espírito da construção da estratégia organizacional. Sendo assim, nota-se que há um link entre a gestão, com foco na gestão estratégica, e a governança, que merece ser analisado, mesmo que de forma sucinta. Nesse sentido, a próxima seção se propõe a analisar essa relação.

2.3 Governança e gestão estratégica

É natural indagar sobre as eventuais diferenças conceituais entre governança, gestão e gestão estratégica. Afinal, tudo pode parecer

---

[7] ABNT NBR. *Iso 31000*. 2009. Disponível em: https://gestravp.files.wordpress.com/2013/06/iso31000-gestc3a3o-de-riscos.pdf. Acesso em 10 mar. 2022.

muito próximo. De fato, essa proximidade é necessária, haja vista que tais conceitos sugerem alinhamento e conexão entre eles. Nesse ponto, a análise da visão do Tribunal de Contas da União (TCU) sobre a relação entre governança e gestão mostra-se pertinente.

De acordo com o TCU,[8] a governança é a função direcionadora, já a gestão é a função realizadora. A Figura 2 representa essas distinções de modo resumido: enquanto a governança é a responsável por estabelecer a direção a ser tomada, com fundamento em evidências e levando em conta os interesses do(s) proprietário(s) e das partes interessadas, a gestão é a função responsável por planejar a forma mais adequada de implementar as diretrizes estabelecidas, executar os planos e fazer o controle de indicadores e de riscos.

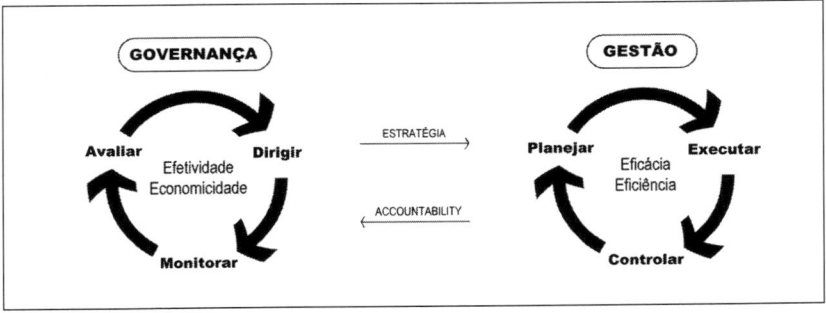

FIGURA 2 – Relação entre governança e gestão

Fonte: TCU, 2020.[9]

Observa-se diferenças basilares entre os verbos da governança (avaliar, dirigir, monitorar) e da gestão (planejar, executar e controlar). É notável que os verbos da governança têm a função de dizer qual o caminho a ser seguido, dando a direção que a organização irá tomar. Isso é verificado na relação agente x principal, da Teoria da Agência,

---

[8] BRASIL. *Referencial Básico de Governança Organizacional para organizações públicas e outros entes jurisdicionados ao TCU.* 3. ed. Brasília: TCU, 2020. Disponível em: https://portal.tcu.gov.br/governanca/governancapublica/organizacional/levantamento-de-governanca/. Acesso em 14 fev. 2022.

[9] BRASIL. *Referencial Básico de Governança Organizacional para organizações públicas e outros entes jurisdicionados ao TCU.* 3. ed. Brasília: TCU, 2020. Disponível em: https://portal.tcu.gov.br/governanca/governancapublica/organizacional/levantamento-de-governanca/. Acesso em 14 fev. 2022.

na qual os agentes (formuladores de política, tomadores de decisão) definem regras, fomentam culturas e valores, selecionam projetos e programas com o foco no bem-estar da sociedade (principal).

Sob um outro prima, a gestão tem a perspectiva de executar aquilo que foi definido estrategicamente. A ideia da gestão pode ser interpretada com base na literatura da Teoria Clássica da Administração, de Henry Fayol, que estabeleceu as seguintes funções da administração: "prever, organizar, comandar, coordenar e controlar". Nota-se que a tônica de Fayol não se restringe, no entanto, apenas aos verbos da gestão, mas também a um verbo que remete à governança, que é o verbo "comandar".

Ademais, é valido frisar que a ciência administrativa foi evoluindo e, na década de 80, surgiu o conceito de PDCA, cuja concepção foi iniciada na década de 20 pelo americano Walter A. Shewart. Que depois passou por algumas mudanças por estudiosos da gestão, como Ishikawa e Deming – este último foi considerado um dos precursores do conceito de qualidade total. Desde então, o ciclo PDCA passou a contemplar os seguintes verbos: *plan*: planejar, *do* – executar, *ckeck* – avaliar e *action* – agir com base no que foi avaliado anteriormente. Esse modelo é o pano de fundo da chamada "melhoria contínua', conceito basilar da "Gestão pela Qualidade total".

É oportuno salientar que o TCU[10] afirma, por outro lado, que a governança se preocupa com a qualidade do processo decisório e sua efetividade, e que a gestão, por sua vez, recebe o direcionamento superior e se preocupa com a qualidade da implementação dessa direção, com eficácia e eficiência. O que é mais importante em todo esse processo é a compreensão de que a governança deve ser realizada com foco em resultados. Por isso, torna-se crucial relacionar os conceitos de governança e de gestão estratégica nas organizações.

Nesse sentido, faz-se necessário que as organizações, ao alinharem seus instrumentos de gestão, suas normas, projetos e processos ao planejamento estratégico, tenham como base a previsão de ações de fortalecimento da governança institucional. Essa perspectiva deve incluir critérios de sustentabilidade em todas as faces.

---

[10] BRASIL. *Referencial Básico de Governança Organizacional para organizações públicas e outros entes jurisdicionados ao TCU*. 3. ed. Brasília: TCU, 2020. Disponível em: https://portal.tcu.gov.br/governanca/governancapublica/organizacional/levantamento-de-governanca/. Acesso em 14 fev. 2022.

É mister, sobretudo, que esse modelo de governança e de gestão estratégica esteja acompanhado de indicadores e metas, para que a atuação institucional seja monitorada de forma sistemática. Os reais resultados da performance institucional devem ser base para a prestação de contas à sociedade, tendo a transparência como um dos elementos centrais para a boa governança. Sendo assim, a próxima seção irá tratar de alguns aspectos relevantes relacionados a essa temática.

2.4 Transparência e *accountability*

A Constituição Federal de 1988, em seu art. 5º, XXXIII c/c art. 37, §3º, II, considera o acesso à informação um direito fundamental do cidadão. Ademais, em 2011, o Brasil se comprometeu com a perspectiva do chamado "Governo Aberto", sendo signatário do *Open Government Partnership*. É basilar que a natureza diversa das agendas de governo aberto de cada país tenha como foco o aumento da transparência, fortalecendo a democracia e a geração de crescimento inclusivo.

Com efeito, o conceito de governo aberto comporta uma ampla variedade de princípios e práticas que visam a tornar a relação entre governos e seus constituintes mais dinâmica, mutuamente benéfica e baseada em confiança recíproca. Iniciativas de governo aberto podem auxiliar não apenas no aumento da transparência, mas também da inovação no setor público, do empoderamento da população e da representação no processo de criação de políticas. Assim, o governo aberto pode efetivamente contribuir para maior prestação de contas (*accountability*) das instituições públicas, para sua capacidade para entregar serviços mais alinhados com as necessidades e demandas dos cidadãos.[11]

Destarte, a legislação brasileira tem avançado nessa direção, com a adoção de regras para promoção da transparência e de *accountability* na Administração Pública. Um exemplo emblemático é a publicação da Lei de Acesso à Informação (LAI, Lei nº 12.527/2011), que regulou o direito constitucional de acesso à informação, obrigando a União, os Estados, o Distrito Federal e os Municípios (incluindo entidades privadas sem fins

---

[11] THORSTENSEN, Vera; ARIMA JÚNIOR, Mauro Kiithi (Coords.). *O Brasil e o modelo de governança da OCDE*. São Paulo: OCDE: Centro de Estudos do Comércio Global e Investimentos e VT Assessoria Consultoria e treinamento Ltda., 2020.

lucrativos que recebam recursos públicos) a implementarem processos e ferramentas que promovam a garantia desse direito à sociedade.

A Lei de Acesso à Informação possibilitou o exercício do direito de acesso por qualquer pessoa (art. 10), garantindo a gratuidade da informação (art. 12), estabelecendo a publicidade como regra e o sigilo como exceção. Com efeito, nota-se um avanço da Governança no setor público brasileiro, mormente no que tange ao desenvolvimento da cultura de transparência e do controle social da Administração Pública.

É oportuno lembrar ainda que, em 2017, o Decreto nº 9.203, que dispõe sobre a política de governança na Administração Pública federal, definiu a transparência como princípio da governança pública e estabeleceu, como uma das diretrizes da governança, a promoção da comunicação aberta, voluntária e transparente das atividades e resultados da organização, de modo a fortalecer o acesso público à informação.

Sob um outro prisma, percebe-se a necessidade de que os dados relativos à prestação de contas dos órgãos e entidades do setor público sejam divulgados para o melhor controle social, abrindo caminho para o fortalecimento da chamada *"Accountability"* no Brasil. Sendo assim, pode-se considerar este termo como prestação de contas e responsabilização. Dessa forma, é basilar que as lideranças incluam modelos de governança que contemplem esse mecanismo.

Nesse contexto, nota-se que transparência e *accountability* são dois lados da mesma moeda, haja vista a necessidade de divulgar os dados de prestação de contas das instituições e de seus agentes públicos responsáveis, os quais devem justificar suas decisões no que toca à gestão dos recursos públicos, e, ainda, que sejam responsabilizados nas esferas administrativa e penal por suas ações.

É indubitável que tanto a transparência quanto a *accountability* são elementos fundamentais para a qualidade da elaboração, da implementação e da avaliação das políticas públicas orientadas para sustentabilidade. Essa perspectiva fortalece a governança na área de sustentabilidade, uma vez que contribui para o aperfeiçoamento da direção, do monitoramento e da avaliação das políticas e ações voltadas ao desenvolvimento sustentável.

Outrossim, é importante salientar que a legislação brasileira tem avançado no tema, trazendo a obrigatoriedade de que sejam disponibilizadas informações acerca da atuação das pessoas e das organizações que gerem recursos públicos. Com efeito, a Lei de Responsabilidade Fiscal (LRF, Lei Complementar nº 101/2000) trouxe imposições para a prestação de contas da gestão fiscal a todos os entes federativos, determinando, em seu art. 48, a ampla divulgação, inclusive por meios eletrônicos, de planos, orçamentos, leis de diretrizes orçamentárias, prestações de contas e respectivos pareceres prévios, relatórios resumidos da execução orçamentária, relatórios de gestão fiscal e as versões simplificadas desses documentos. Em 2009, a Lei Complementar nº 131 acrescentou dispositivos à LRF, incentivando a participação da sociedade no planejamento e acompanhamento da lei de diretrizes orçamentárias e orçamentos.[12]

Nesse sentido, pode se inferir que os temas transparência e *accountability* têm avançado no setor público brasileiro, mormente no que diz respeito à legislação que determina novas posturas dos administradores públicos. Um bom exemplo foi a publicação da Lei nº 12.813/2016, que, em seu art. 11, estabeleceu a divulgação diária, na internet, da agenda de compromissos públicos de ministros de Estado, ocupantes de cargos de natureza especial ou equivalente e do Grupo Direção e Assessoramento Superiores – DAS, níveis 6 e 5 ou equivalentes, do presidente, do vice-presidente e do diretor, ou equivalentes, de autarquias, fundações públicas, empresas públicas ou sociedades de economia mista.

Além disso, vale lembrar também que a Lei das Estatais (Lei nº 13.303/2016) estabeleceu para as empresas públicas e sociedades de economia mista, a obrigação de divulgar relatório integrado ou de sustentabilidade anual, carta anual de governança corporativa, política de distribuição de dividendos, política de transações com partes relacionadas, política de divulgação de informações, informações tempestivas, entre outros.

Diante do exposto, observa-se que a transparência e a *accountability* são elementos que facilitam a responsabilização dos agentes públicos. Essa perspectiva exige que os órgãos de controle atuem com maior efetividade com a adoção de ações voltadas para a melhoria da *compliance* no setor público e com medidas anticorrupção. Dessa forma, a próxima seção irá tratar desses elementos, para melhor compreensão do fenômeno da governança pública no Brasil.

---

[12] BRASIL. *Referencial Básico de Governança Organizacional para organizações públicas e outros entes jurisdicionados ao TCU*. 3. ed. Brasília: TCU, 2020. Disponível em: https://portal.tcu.gov.br/governanca/governancapublica/organizacional/levantamento-de-governanca/. Acesso em 14 fev. 2022.

2.5 *Compliance*, medidas anticorrupção e os órgãos de controle

Compliance, medidas anticorrupção e atuação dos órgãos de controle são temas que se relacionam estreitamente, o que sugere que sejam tratados em conjunto. A ideia de *compliance* está relacionada à adoção de normas e procedimentos, com vistas à análise mais apurada da conformidade dos atos administrativos praticados pelos agentes públicos.

Essa perspectiva tem o objetivo de assegurar que as normas sejam devidamente cumpridas e concomitantemente criar mecanismos que facilitem a atuação dos órgãos de controle. Para tanto, é essencial que as organizações estabeleçam mecanismos que possibilitem a clara atribuição de papéis e responsabilidades de seus agentes, com a devida previsão de identificação e apuração de ilícitos, bem como a adoção dos procedimentos necessários à apuração de irregularidades, e aplicação de sanções nos casos pertinentes, na forma da lei.

De acordo com o TCU,[13] é necessário prover os meios para que a organização tome conhecimento das irregularidades e desvios éticos cometidos pelos agentes públicos, e isso é recomendado pela própria OCDE. Essa organização recomenda a disponibilização de canais alternativos para apresentação de denúncias, com possibilidade de sigilo ao denunciante e garantia de que a organização pública tenha competência e capacidade para investigar o que foi denunciado.

Com efeito, os canais de denúncia são considerados uma medida anticorrupção interativa, que incita o controle social sobre os atos administrativos. O TCU entende que a eficácia dos canais de denúncia está ligada diretamente à facilidade para denunciar e a uma cultura organizacional em que os gestores, servidores e empregados possam fazer denúncias baseadas em evidências, sem temer represálias. É notável que a ausência de medidas de proteção ao denunciante ou a dificuldade de reportar a denúncia levam à desmotivação para denunciar.

É válido postular que as organizações precisam implantar mecanismos para a melhoria da conformidade dos atos administrativos, contemplando a melhoria da qualidade das informações que possibilitam a punição dos responsáveis por eventuais atos ilegais ou irregulares e a redução de potenciais danos ambientais, sociais ou econômicos.

---

[13] BRASIL. *Referencial Básico de Governança Organizacional para organizações públicas e outros entes jurisdicionados ao TCU.* 3. ed. Brasília: TCU, 2020. Disponível em: https://portal.tcu.gov.br/governanca/governancapublica/organizacional/levantamento-de-governanca/. Acesso em 14 fev. 2022.

Infere-se, portanto, que é mister a adoção de mecanismos apropriados para apurar irregularidades e tomar as medidas necessárias para a sanção dos responsáveis por atos ímprobos. Isso possibilita maior efetividade às normas reguladoras de conduta e de recuperarem ou reduzirem prejuízos causados por fraude e corrupção.

Nessa esteira, é importante pontuar os avanços do Poder Executivo Federal no que tange às ações voltadas à melhoria do ambiente de *compliance* e de combate à corrupção. No ano de 2007, o Decreto nº 6.029 instituiu o Sistema de Gestão da Ética, que regula as competências e a atuação coordenada das comissões de ética dos órgãos e entidades da administração direta e indireta.

Além disso, de acordo com o TCU,[14] a atividade de correição no Poder Executivo federal foi detalhada no Decreto nº 5.480/2015, tendo como órgão central do sistema a Corregedoria-Geral da União. Em 2018, o então Ministério da Transparência e Controladoria-Geral da União publicou a IN nº 14, que regulamentou o decreto para todos os órgãos e entidades do Poder Executivo, orientando acerca de procedimentos correcionais para apuração de irregularidades administrativas cometidas por servidores ou empregados públicos.

Destaca-se, ainda, que a IN CGU nº 13/2019 tratou de procedimentos de responsabilização de entes privados que venham a praticar atos lesivos contra a Administração Pública, englobando os previstos nas Leis nº 12.846/2013 (Lei Anticorrupção) e nº 8.666/1993 (Lei das Licitações), e em outras normas que tratam de licitações e contratos e, ainda, as infrações administrativas por comportamento inidôneo ou pela prática de fraude ou simulação.[15]

Um aspecto relevante a ser mencionado é a importância dos programas de integridade no cenário nacional. De acordo com a Lei Anticorrupção, eles consistem no conjunto de mecanismos e procedimentos internos de integridade, auditoria e incentivo à denúncia de irregularidades e na aplicação efetiva dos códigos de ética e de conduta, bem como de políticas e diretrizes que visam a detectar e a sanar desvios e atos ilícitos praticados contra a Administração Pública.

---

[14] BRASIL. *Referencial Básico de Governança Organizacional para organizações públicas e outros entes jurisdicionados ao TCU*. 3. ed. Brasília: TCU, 2020. Disponível em: https://portal.tcu.gov.br/governanca/governancapublica/organizacional/levantamento-de-governanca/. Acesso em 14 fev. 2022.

[15] BRASIL. *Referencial Básico de Governança Organizacional para organizações públicas e outros entes jurisdicionados ao TCU*. 3. ed. Brasília: TCU, 2020. Disponível em: https://portal.tcu.gov.br/governanca/governancapublica/organizacional/levantamento-de-governanca/. Acesso em 14 fev. 2022.

Faz-se mister que um programa de integridade se estruture de acordo com os riscos mapeados de cada instituição, que deve assegurar o constante aperfeiçoamento e a adequação de seu programa, com vistas a garantir maior efetividade. Nesse sentido, a Controladoria Geral da União (CGU) tem assumido um papel precursor no tema, adotando diretrizes e nomas que impulsionam a implantação de programas de integridade nos diversos órgãos e entidades do setor público. Um marco histórico é a publicação da Instrução Normativa Conjunta (IN) MP/CGU nº 01/2016, que determina que os órgãos e as entidades do Poder Executivo Federal deverão implementar, manter, monitorar e revisar os controles internos da gestão, para iniciar seus programas de gestão de risco e de integridade.

Sendo assim, observa-se que é notável o avanço na legislação brasileira no que se refere a ações voltadas para a integridade, para *compliance* e para a redução da corrupção. No entanto, é basilar que *as* instituições tenham condições mínimas para fazer valer esse avanço no plano normativo. Isso envolve a necessidade, em muitos casos, de mudanças organizacionais relacionadas à cultura e à estrutura organizacional. Essa perspectiva de mudança exige capacitação contínua a servidores e tomadores de decisão.

Diante do exposto, percebe-se que na área de sustentabilidade, a governança tem sido considerada um tema cada vez mais caro, haja vista a necessidade de melhorias no ambiente regulatório, de fortalecimento dos órgãos de controle e, mormente, das ações voltadas à transparência, à melhoria da *accountability*, ao aperfeiçoamento das ações de *compliance* e de medidas anticorrupção, que são pontos considerados fulcrais para a boa governança.

Essa visão é corroborada por organismos internacionais como a própria OCDE, que tem recomendado com veemência uma postura mais proativa do Brasil no que concerne a esses temas. Logo, a próxima seção irá tratar sobre a atuação do Brasil à luz da visão da OCDE.

2.6 O Brasil e a OCDE

A OCDE – Organização para a Cooperação e o Desenvolvimento Econômico –, organização internacional criada em 1961, trabalha com o foco no desenvolvimento de diretrizes e políticas que visem à melhoria da qualidade de vida dos cidadãos dos seus países membros.

A organização reúne diversas economias do mundo, que cooperam por meio da troca de experiências exitosas no desenho de suas políticas públicas, identificando boas práticas e promovendo decisões e recomendações em várias áreas. Destarte, a OCDE trabalha com o objetivo de colaborar com o desenvolvimento econômico, com o equilíbrio ambiental e com a justiça social de suas nações envolvidas.

Sendo assim, é importante destacar que a acessão à OCDE é umas das prioridades estratégicas do governo brasileiro e faz parte da agenda de política externa para internacionalização da economia. Atualmente, o Brasil participa da Organização com status de associado ou participante em 23 comitês e/ou fóruns de trabalho, que envolvem os mais diversos temas, como comércio, defesa da concorrência, agricultura, segurança e política digital.

Como resultado da aproximação entre o Brasil e a OCDE, foi criado, inclusive, um espaço específico para o Brasil no site da Organização, com possibilidade de acesso em língua portuguesa, destinado à divulgação de relatórios econômicos periódicos, estatísticas e documentos sobre o país, o qual pode ser acessado em https://www.oecd.org/brazil.

Outrossim, ressalta-se que o país depositou seu pedido para ingressar na Organização em 2017 e, desde então, vem adequando legislações e práticas às diretrizes da OCDE. Hodiernamente, o Brasil tem feito um esforço expressivo no sentido de revisar e adaptar sua política regulatória às decisões, recomendações e diretrizes negociadas, ao longo das últimas décadas, pela Organização.

Nesse sentido, o Brasil, ao logo dos últimos anos, tem incluído o tema governança em seus projetos e em suas políticas e estratégias, haja vista que a OCDE pode ser considerada como o principal foro de governança de políticas públicas do mundo atual.

De acordo com aquela organização, o conceito de governança possui princípios essenciais para que as políticas públicas atendam ao interesse público. A transparência, a participação da sociedade, a integridade e a *accountability* (responsabilidade) são fundamentais para que um governo tenha bons índices de governança pública.[16]

Por derradeiro, nota-se que a OCDE tem assumido um papel de grande relevância no ingresso do tema governança no Brasil, bem como na conexão de elementos da governança nas políticas públicas orientadas para a sustentabilidades, uma vez que são tratados temas subjacentes ao desenvolvimento nacional sustentável, como, por exemplo, governo aberto, contratos públicos, confiança no governo, contas públicas, acesso à justiça, serviços, infraestrutura, política industrial, entre outros.

---

[16] THORSTENSEN, Vera; ARIMA JÚNIOR, Mauro Kiithi (Coords.). *O Brasil e o modelo de governança da OCDE*. São Paulo: OCDE: Centro de Estudos do Comércio Global e Investimentos e VT Assessoria Consultoria e treinamento Ltda., 2020.

Em conexão com esses temas, precipuamente governo aberto e acesso à justiça e serviços, surgem novas tendências também no campo jurídico em sua interface com a governança, como *legal design* e *visual law,* que serão desenvolvidos na seção seguinte.

2.7 *Legal Design* e *Visual Law*

Por *Legal Design* compreende-se a junção dos dois campos do conhecimento referidos na expressão com o objetivo de aprimorar a comunicação jurídica e torná-la mais acessível.[17]

A utilização das ferramentas tecnológicas pelo Direito deve ter duas premissas: fundamentos éticos e benefício social com o propósito de ampliação do acesso e compreensibilidade deste campo do conhecimento, que é muitas vezes hermético, com códigos linguísticos próprios e distanciados de uma comunicabilidade ativa e integradora ao mundo.

Sem pretensão de uma assertiva generalizante, não se pode mais desconsiderar, em face dos desafios da junção de governança e sustentabilidade, que "a Ciência do Direito, na verdade, desde que se estabeleceu como ciência da sistematização e da interpretação do direito positivo, não tem quase relações com as demais ciências sociais. Ela vive numa ilha".[18] Os estudos de Tércio Sampaio Ferraz Júnior relacionam a norma jurídica como um enunciado prescritivo em que há uma relação de comunicação entre o emissor e o sujeito, na qual se verifica uma função simbólica da língua.[19]

Há a necessidade de aproximação, pela via linguística e visual, do Direito para com o sujeito (aqui compreendido este na sua amplitude e complexidade social), devendo as ferramentas tecnológicas ser utilizadas. Iniciativas já estão sendo implementadas no âmbito da Advocacia Pública Federal.[20]

---

[17] PRESGRAVE, A. B. *et al. Visual Law:* o design em prol do aprimoramento da advocacia. Brasília: OAB Editora, 2021.

[18] FERRAZ JÚNIOR, T. A relação meio/fim na teoria geral do direito administrativo. The middle / end relationship in the general theory of administrative law. *Revista de Direito Administrativo e Infraestrutura – RDAI*, São Paulo: Thomson Reuters – Livraria RT, v. 1, n. 2, p. 413–421, 2017. Disponível em: https://rdai.com.br/index.php/rdai/article/view/126. Acesso em 13 nov. 2021.

[19] FERRAZ JÚNIOR, T. *Introdução ao Estudo do Direito – Técnica, Decisão, Dominação.* 4. ed. rev. e ampliada. São Paulo: Atlas, 2003.

[20] MACHADO FILHO, A. C. M.; IWAKURA, C. R. Legal Design na Advocacia Pública Federal. *In:* COELHO, A. Z.; SOUZA, B. de A. (Org.). *Legal design e visual law no Poder Público.* São Paulo: Revista dos Tribunais, 2021.

Por sua vez, há contribuições do Design para o desenvolvimento sustentável em uma abordagem interdisciplinar[21] e a inclusão do Direito neste campo de pesquisa e aplicação prática é urgente. Assim, no tocante à aproximação entre governança e sustentabilidade, o *Legal Design* é instrumento fundamental, na medida em que, a partir de uma perspectiva interdisciplinar, será facilitador desta integração no setor público, não se olvidando do zelo para um protocolo ético-jurídico voltado à inteligência artificial.[22]

Dentre as possibilidades de implementar o *Legal Design*, o *Visual Law* refere-se à utilização de técnicas que conectam as linguagens escrita e visual.[23] Para a governança com sustentabilidade, sua utilização é essencial, facilitando a assimilação dos processos e fluxos, com informações visuais e linguísticas inovadoras e amigáveis, sendo de se adotar uma premissa que englobe um tripé: o processo (em todos os seus passos para implementação), a mentalidade (objetivos e prioridades) e o meio (ferramentas). Este tripé articula-se para manter o foco no usuário.[24]

Nesse sentido, tem-se por relevante destacar que a efetivação de novas possibilidades tecnológicas e de comunicação não podem desconsiderar o que nos alerta Limberger[25] com relação ao ciberespaço. Segundo o referido autor,

> é muito importante que além do reconhecimento dos direitos humanos, tenha-se uma prática democrática, que somente se implementa com formação cultural. A informação no ciberespaço é fundamental, mas se não houver o acesso à informação e a compreensão pelo cidadão, tal experiência é ineficaz.[26]

---

[21] LOSCHIAVO DOS SANTOS, M. C. (Coord.). *Design, Resíduo & Dignidade*. São Paulo: Editora Olhares, 2014. Disponível em: http://www.usp.br/residuos/. Acesso em 10 nov. 2021.

[22] FREITAS, J.; FREITAS, T. B. *Direito e inteligência artificial*: em defesa do humano. Belo Horizonte: Fórum, 2020.

[23] PRESGRAVE, A. B. *et al*. *Visual Law*: o design em prol do aprimoramento da advocacia. Brasília: OAB Editora, 2021.

[24] IWAKURA, C. R. Legal design e acesso à justiça: criação de sistemas processuais eletrônicos acessíveis e ferramentas intuitivas no ambiente jurídico digital. *In*: NUNES, D. *et al*. (Org.). *Direito Processual e tecnologia*: os impactos da virada tecnológica no âmbito mundial. Salvador: Editora Juspodivm, 2021.

[25] LIMBERGER, T. *Cibertransparência*: informação pública em rede – a virtualidade e suas repercussões na realidade. Porto Alegre: Livraria do Advogado, 2016.

[26] LIMBERGER, T. *Cibertransparência*: informação pública em rede – a virtualidade e suas repercussões na realidade. Porto Alegre: Livraria do Advogado, 2016. p. 35.

Assim, o alerta é que as premissas anteriormente referidas no início desta seção – fundamentos éticos e benefício social – deverão estar sempre presentes na utilização do *Legal Design* e *Visual Law* na governança, com necessária vinculação ao *Open Government Partnership*,[27] a fim de que não haja a desvinculação das ferramentas dos propósitos de vivificação de políticas públicas[28] e do conteúdo multidimensional da sustentabilidade, em face dos direitos de acesso à informação e da participação em matéria ambiental, previstos no Acordo de Escazú.

Nesse contexto, para melhor compreensão de como o tema sustentabilidade ingressa no setor público brasileiro, o próximo capítulo irá abordar a sustentabilidade no setor público.

---

[27] OPEN GOVERNMENT PARTNERSHIP. *Declaração de governo aberto*. set. 2011. Disponível em: www.opengovpartnership.org/open-government-declaration. Acesso em 10 nov. 2021.

[28] VILLAC, T. Advocacia pública consultiva: reflexões à luz do pensamento de Martha Nussbaum e Amartya Sen. O novo papel da advocacia pública consultiva no século XXI. *In*: MENDONÇA, André Luiz de Almeida *et al*. (Orgs.). Belo Horizonte: Editora D'Plácido, 2020.

CAPÍTULO 3

SUSTENTABILIDADE NO SETOR PÚBLICO

3.1 Contextualização

Para se compreender a relevância, a necessidade de empreendermos avanços urgentes e as origens do tema da sustentabilidade no setor público brasileiro, é inegável a importância da Conferência Rio 92, realizada no Brasil, suas consequências no âmbito interno na gestão pública por iniciativas governamentais desencadeadas pelo Ministério do Meio Ambiente e, antes ainda de 1992, o marco da Política Nacional de Meio Ambiente (PNMA).

Assim, a Política Nacional de Meio Ambiente (Lei nº 6.938/1981) tem por objetivo a preservação, a melhoria e a recuperação da qualidade ambiental propícia à vida, visando assegurar, no País, condições para o desenvolvimento socioeconômico, para os interesses da segurança nacional e para a proteção da dignidade da vida humana (artigo 1º). As ações governamentais (inciso I do mesmo artigo), no recorte que se confere neste estudo, devem efetivar-se também internamente no Poder Público, porque, afinal, o Estado Administração não pode olvidar de aplicar as leis que, como Legislador, traz ao mundo, e que, como Juiz, aplica.

Este olhar da sustentabilidade voltada internamente aos entes públicos, considerando suas rotinas e fluxos organizacionais, contratações, gestão de resíduos, dentre outras ações, é imperativo humano e ético de uma racionalidade compassiva[29] e, apesar disso, nem sempre se verifica nos órgãos públicos brasileiros.

---

[29] VILLAC, T. Advocacia pública consultiva: reflexões à luz do pensamento de Martha Nussbaum e Amartya Sen. O novo papel da advocacia pública consultiva no século XXI. In: MENDONÇA, André Luiz de Almeida et al. (Orgs.). Belo Horizonte: Editora D'Plácido, 2020.

Sabatier e Kingdon enfatizam, respectivamente, a relevância da formação de coalizões[30] e da identificação das janelas de oportunidade[31] para o avanço das agendas públicas. Sob estas perspectivas, aos intérpretes, operadores do direito, gestores públicos e governantes incumbe o comprometimento na aplicação das políticas públicas instituídas de acordo com as atribuições institucionais desses agentes.

Assim, é preciso refletir, apesar da previsão expressa na PNMA acerca da relevância das "ações governamentais", por que: (i) muitos órgãos públicos brasileiros, em 2021, não possuem indicadores de sustentabilidade?; (ii) é incipiente a cultura organizacional pró meio ambiente?; (iii) a governança sustentável continua sendo um caminho em construção na práxis brasileira pública?

Em resposta, parece haver uma relação entre os modelos de gestão pública que foram sendo implementados no Brasil com a dissociação entre planejamento na Administração Pública e a sustentabilidade. Nesse sentido, observe-se, com criticidade, os princípios da administração federal previstos no Decreto-Lei nº 200/67: *planejamento, coordenação, descentralização, delegação de competência e controle.*

Cotejando-os com as delimitações estabelecidas para a "ação governamental", verifica-se que "a ação governamental obedecerá a planejamento que vise a promover o desenvolvimento econômico-social do País e a segurança nacional, norteando-se segundo planos e programas elaborados, na forma do Título III, e compreenderá a elaboração e a atualização dos seguintes instrumentos básicos: a) plano geral de governo; b) programas gerais, setoriais e regionais, de duração plurianual; c) orçamento-programa anual; d) programação financeira de desembolso". (Artigo 7).

Ao se empreender uma análise de discurso que considere a historicidade, os fatores externos e o discurso como observatório do político,[32] verifica-se que os títulos e capítulos que compõem o Decreto-Lei nº 200/67 enfatizam vernáculos como *supervisão, auxílio, organização, finanças, contabilidade,* que não alcançam os desafios do que seria uma governança mais dialógica e transversal, características das temáticas da sustentabilidade.

---

[30] SABATIER, Paul A.; WEIBLE. Christopher M. The advocacy coalition framework: Innovations and clarifications. In: *Theories of the policy process.* Routledge, 2019.

[31] KINGDON, J. W. *Agendas, alternatives and public policies.* 2. ed. New York: Longman Publishing Group, 1997.

[32] ORLANDI, E. L. P. Discurso e argumentação: um observatório do político. *Fórum Linguístico,* v. 1, n. 1, p. 73-81, 1998; ORLANDI, E. L. P. A Análise de Discurso em suas diferentes tradições intelectuais: o Brasil. *Seminário de Estudos em Análise de Discurso,* v. 1, p. 8-18, 2003.

A opção normativa é reflexo do momento histórico brasileiro (1967), ao qual acrescenta-se que somente em 1972 realizou-se – em Estocolmo – a Primeira Conferência Mundial sobre o Homem e o Meio Ambiente e as questões referentes ao modelo de crescimento econômico passam gradativamente a ter maior visibilidade em âmbito internacional.

No Brasil, a temática ambiental teve atuações precursoras, destacando-se José Antonio Lutzenberger, um dos fundadores da Associação Gaúcha de Proteção ao Ambiente Natural (AGAPAN), bem como Paulo Nogueira Neto, que atuou à frente da Secretaria Especial de Meio Ambiente (SEMA), órgão do governo federal ligado ao Ministério do Interior e membro da Comissão Brundtland, responsável pelo disseminado conceito de desenvolvimento sustentável em 1987.

Neste contexto, pela relevância, destaque-se que anteriormente ao Relatório Brundtland, a Política Nacional de Meio Ambiente brasileiro já apresentou concepção tripartite de desenvolvimento, com a previsão expressa de "compatibilização do desenvolvimento econômico-social com a preservação da qualidade do meio ambiente e do equilíbrio ecológico" (artigo 4, I, Lei nº 6.93/1981).

Apesar da relevante Política Nacional de Meio Ambiente (1981), as conexões entre meio ambiente, estrutura organizacional e governança pública brasileira não se verificaram como diretrizes gerais orientadoras para todos os órgãos públicos federais, sendo o regramento orientador do Decreto-Lei nº 200/67 aplicado isoladamente, sem conexões com a PNMA no que tange ao objeto ora em estudo.

Avanços para a temática do meio ambiente foram verificados na Constituição Federal de 1988, conforme detalharemos no tópico a seguir.

3.2 A Constituição Federal de 1988 e a Declaração do Rio

A Constituição Federal de 1988, destacando que impõe ao poder público o dever de defender e preservar o meio ambiente para as presentes e futuras gerações, conjugada à Conferência do Rio (1992), fortaleceram iniciativas em prol da sustentabilidade no setor público.

Neste ponto da análise, a inter-relação que se objetiva desenvolver nesta pesquisa, sobre governança pública e sustentabilidade, e a consideração de que versa sobre campo transdisciplinar tem por decorrência a apresentação do estudo a leitores não exclusivamente do direito ou da administração e a necessidade de que o conteúdo trazido seja includente em mais de uma área do conhecimento.

Assim, tem-se por pertinente destacar que o constituinte de 1988 alçou o meio ambiente a patamar antes não existente. A proteção ao meio ambiente, reconhecido como bem jurídico autônomo e em uma concepção holística,[33] foi um avanço inegável e deve-se à eleição e atuação do ambientalista Fabio Feldmann como deputado federal constituinte.

O dever estatal previsto no artigo 225 da Constituição Federal de 1988 já era fundamento imperativo para que iniciativas governamentais tivessem sido adotadas amplamente pela sustentabilidade nos órgãos públicos nacionais. Gestão de resíduos adequada, consumo consciente e coleta seletiva são alguns dos exemplos de ações que poderiam ter sido disseminadas e implementadas em larga escala na Administração Pública, mas não o foram.

Os motivos referem-se à mencionada dissociação de governança pública com a Política Nacional de Meio Ambiente, bem como ao processo gradativo de conscientização ecológica na sociedade brasileira, ao reconhecimento de que os recursos naturais são finitos e que há responsabilidades individuais e organizacionais a serem assumidas.

A Conferência das Nações Unidas sobre Meio Ambiente e Desenvolvimento, realizada no Rio de Janeiro em 1992, poucos anos após a constitucionalização brasileira do direito ao meio ambiente, estabeleceu que os países possuem a responsabilidade de assegurar que as atividades sob sua jurisdição ou controle não causem danos ao meio ambiente (Princípio 2 da Declaração do Rio).

Há expressa referência a que a proteção ambiental constitui parte integrante do processo de desenvolvimento (Princípio 4), do objetivo de erradicação da pobreza (Princípio 5), da redução e eliminação dos padrões insustentáveis de produção e consumo (Princípio 8) e da conscientização e participação popular em questões ambientais (Princípio 10).

Ainda que se trate de *soft law*, a Declaração do Rio apresenta norteadores relevantes para o tema ora em estudo e que podem ser extraídos e adotados como constructos à governança pública brasileira com sustentabilidade. Trata-se da indissociabilidade, da dimensão social, do consumo sustentável e da participação.

No tocante à indissociabilidade, a governança pública não pode focar exclusivamente na economicidade e desconsiderar os impactos

---

[33] BENJAMIN, A. H. de V. O Meio Ambiente na Constituição Federal de 1988. *Informativo Jurídico da Biblioteca Ministro Oscar Saraiva*, v. 19, n. 1, p. 37-80, jan./jun. 2008.

ambientais. A dimensão social é característica marcante da legislação nacional que embasa as contratações públicas, como as licitações exclusivas para micro e pequenas empresas, aliada à exigência de regularidade trabalhista. O consumo estatal sustentável deve ser premissa básica e inafastável na governança das contratações e a participação refere-se ao elemento humano, que trará maior ou menor adesão às iniciativas, sendo fator primordial sua consideração e incentivo.

3.3 Agenda 21

A Rio 92 originou a Agenda 21 Global, subscrita por 179 países, que teve por objetivo integrar meio ambiente e desenvolvimento e "preparar o mundo para os desafios do próximo século" (preâmbulo), com referência expressa a que a "cooperação internacional deverá apoiar e complementar tais esforços nacionais" (idem). Há menção a estratégias, planos, políticas e processos nacionais e o foco da Agenda foi a implementação do desenvolvimento sustentável.

A Agenda 21 está dividida em quatro Seções: I – Dimensões Sociais e Econômicas, II – Conservação e Gestão dos Recursos para o Desenvolvimento, III – Fortalecimento do Papel dos Grupos Principais e IV – Meios de Implementação, ressaltando-se o tópico 4 da Seção I referente à Mudança dos Padrões de Consumo em razão das indicações para as organizações públicas dos países subscritores do documento.

O quadro a seguir apresenta as principais relações estabelecidas entre governança pública (no recorte metodológico empreendido por esta pesquisa) e sustentabilidade, presentes na Agenda 21 Global.

QUADRO 1
Agenda 21 Global: Governança pública e sustentabilidade

(continua)

Seção/Capítulo	Texto e relação com governança pública	Análise crítica e considerações à realidade de governança pública brasileira
Seção I – Dimensões Sociais e Econômicas Capítulo 4 Mudança dos Padrões de Consumo A. Exame dos padrões insustentáveis de produção e consumo	Atividades: a) Atividades relacionadas ao gerenciamento 4.9 No acompanhamento da implementação da Agenda 21, a apreciação do progresso feito na obtenção de padrões sustentáveis de consumo deve receber alta prioridade.	A ênfase aos padrões sustentáveis de consumo guarda correspondência com as contratações públicas sustentáveis. Atente-se para as previsões no texto para "acompanhamento da implementação" e "alta prioridade". No Brasil, a previsão legal expressa sobre o tema somente ocorreu em 2010, com alteração da redação do artigo 3º, *caput*, da Lei nº 8.666/1993, no tocante à "promoção do desenvolvimento nacional sustentável" ser incluída como um dos objetivos da licitação. Antes da alteração legislativa referida, as licitações sustentáveis já eram constitucionais e legais.[34]
Seção I – Dimensões Sociais e Econômicas Capítulo 4 – Mudança dos Padrões de Consumo A. Exame dos padrões insustentáveis de produção e consumo	(b) Dados e informações Execução de pesquisas sobre o consumo	Relação com avaliar, direcionar e monitorar a atuação da gestão.

---

[34] BARKI, T. V. P. Licitação e desenvolvimento nacional sustentável. *Debates em Direito Público*, v. 10, p. 261-274, 2011; BARKI, T. V. P. Direito internacional ambiental como fundamento jurídico para as licitações sustentáveis no Brasil. *In*: SANTOS, M. G.; BARKI, T. V. P. (Orgs.). *Licitações e contratações públicas sustentáveis*. Belo Horizonte: Fórum, 2011.

(continua)

Seção/Capítulo	Texto e relação com governança pública	Análise crítica e considerações à realidade de governança pública brasileira
Seção I – Dimensões Sociais e Econômicas Capítulo 4 – Mudança dos Padrões de Consumo B. Desenvolvimento de políticas e estratégias nacionais para estimular mudanças nos padrões insustentáveis de consumo	Base para a ação: 4.17. Nos anos vindouros, os Governos, trabalhando em colaboração com as instituições adequadas, devem procurar atender aos seguintes objetivos amplos: (b) Desenvolver uma estrutura política interna que estimule a adoção de padrões de produção e consumo mais sustentáveis	Mesma observação apresentada anteriormente, sobre contratações públicas sustentáveis.
Seção I – Dimensões Sociais e Econômicas Capítulo 4 – Mudança dos Padrões de Consumo B. Desenvolvimento de políticas e estratégias nacionais para estimular mudanças nos padrões insustentáveis de consumo	Atividades: a) Estímulo a uma maior eficiência no uso da energia e dos recursos 4.18. (...) os Governos, em cooperação com a indústria, devem intensificar os esforços para utilizar a energia e os recursos de modo economicamente eficaz e ambientalmente saudável, como se segue: (a) Com o estímulo à difusão das tecnologias ambientalmente saudáveis já existentes; (b) Com a promoção da pesquisa e o desenvolvimento de tecnologias ambientalmente saudáveis; (d) Com o estímulo ao uso ambientalmente saudável das fontes de energia novas e renováveis; (e) Com o estímulo ao uso ambientalmente saudável e renovável dos recursos naturais renováveis	Ressalta-se a eficiência energética em lâmpadas e edificações públicas, miniusinas fotovoltaicas em prédios públicos, ventilação natural, iluminação setorizada. Atente-se para a Lei nº 14.133/2021, Nova Lei de Licitações, que relaciona inovação com desenvolvimento sustentável nas contratações públicas brasileiras. Atente-se para as relações já existentes na Agenda 21 (1992) na consideração da busca da economicidade sem desconsideração do meio ambiente, o que pode ser verificado na análise de "utilizar a energia e os recursos de modo economicamente eficaz e ambientalmente saudável".

(continua)

Seção/Capítulo	Texto e relação com governança pública	Análise crítica e considerações à realidade de governança pública brasileira
Seção I – Dimensões Sociais e Econômicas Capítulo 4 – Mudança dos Padrões de Consumo B. Desenvolvimento de políticas e estratégias nacionais para estimular mudanças nos padrões insustentáveis de consumo	Atividades: a) Estímulo a uma maior eficiência no uso da energia e dos recursos 4.18. (...) os Governos, em cooperação com a indústria, devem intensificar os esforços para utilizar a energia e os recursos de modo economicamente eficaz e ambientalmente saudável, como se segue: (a) Com o estímulo à difusão das tecnologias ambientalmente saudáveis já existentes; (b) Com a promoção da pesquisa e o desenvolvimento de tecnologias ambientalmente saudáveis; (d) Com o estímulo ao uso ambientalmente saudável das fontes de energia novas e renováveis; (e) Com o estímulo ao uso ambientalmente saudável e renovável dos recursos naturais renováveis	Em governança pública, a dimensão ambiental não é decorrente da econômica, como o senso comum poderia deduzir (economizo energia e consequentemente recursos naturais) e, alerta-se, há uma falácia argumentativa e retórica no condicionamento e subordinação da dimensão ambiental à econômica, porque é um raciocínio que desconsidera as incertezas e os riscos ambientais não passíveis de mensuração,[35] bem como o princípio da precaução que possui resguardo constitucional, conforme desenvolvido por Wedy.[36]
	Atividades: b) Redução ao mínimo da geração de resíduos	Observância da Política Nacional de Resíduos Sólidos (Lei nº 12.305, 2010) pelos órgãos públicos brasileiros em suas contratações. Análise de sustentabilidade nos Estudos Técnicos Preliminares nas contratações públicas, previsão inserida apenas em 2017 por instrução normativa.

---

[35] BECK, U. *Sociedade de risco*: rumo a uma outra modernidade. 2. ed. São Paulo: Editora 34, 2011.

[36] WEDY, G. *O princípio constitucional da precaução como instrumento de tutela do meio ambiente e da saúde pública*. 3. ed. Belo Horizonte: Editora Fórum, 2020.

(conclusão)

Seção/Capítulo	Texto e relação com governança pública	Análise crítica e considerações à realidade de governança pública brasileira
Seção I – Dimensões Sociais e Econômicas Capítulo 4 – Mudança dos Padrões de Consumo B. Desenvolvimento de políticas e estratégias nacionais para estimular mudanças nos padrões insustentáveis de consumo	Atividades: d) Exercício da liderança por meio das aquisições pelos Governos 4.23. Os próprios Governos também desempenham um papel no consumo, especialmente nos países onde o setor público ocupa uma posição preponderante na economia, podendo exercer considerável influência tanto sobre as decisões empresariais, quanto sobre as opiniões do público. Consequentemente, esses Governos devem examinar as políticas de aquisição de suas agências e departamentos, de modo a aperfeiçoar, sempre que possível, o aspecto ecológico de suas políticas de aquisição, sem prejuízo dos princípios do comércio internacional.	Observações sobre contratações sustentáveis já tecidas.
Capítulo 8 Integração entre meio ambiente e desenvolvimento na tomada de decisões	a) Integração entre meio ambiente e desenvolvimento nos planos político, de planejamento e de manejo; b) Criação de uma estrutura legal e regulamentadora eficaz; c) Utilização eficaz de instrumentos econômicos e de incentivos do mercado e outros; d) Estabelecimento de sistemas de contabilidade ambiental e econômica integrada.	Indicamos a leitura completa do capítulo 8, em toda a sua extensão. Há o estabelecimento de bases para a ação integrada de fatores econômicos, ambientais e sociais nos sistemas de tomada de decisão, menção ao fortalecimento das estruturas institucionais, monitoramento, melhoria no uso de dados e informações em todos os estágios. Menciona-se a necessidade de leis e regulamentos adequados para tanto e o aumento de sua eficácia.

Fonte: elaborado pelos Autores

A construção da Agenda 21 Brasileira foi coordenada pela Comissão de Políticas de Desenvolvimento Sustentável e da Agenda 21 Nacional (Ministério do Meio Ambiente) e sua implementação ocorreu a partir de 2003, como Programa do Plano Plurianual.[37]

Consoante Crespo,[38] um dos grandes diferenciais da Agenda 21 foi a adoção do conceito de *stakeholders* e sua participação nos processos de tomada de decisão. A compreensão do vernáculo neste documento não se restringe à oriunda da ciência da administração, mas amplia-se para as ciências políticas e abrange os atores sociais amplamente compreendidos e a sua integração aos rumos do desenvolvimento sustentável. Para a autora, que traduziu a palavra por "atores sociais interessados", esta participação foi o aspecto mais revolucionário da Agenda 21, "mexer na base da sociedade e promover a consciência ambiental de baixo para cima",[39] gerando resistências.

A consideração do cidadão, de movimentos e de atores sociais na esfera pública constitutiva da Agenda 21 Brasileira trouxe uma aproximação da sociedade para maior influência nos rumos do planejamento de políticas públicas e da governança pela sustentabilidade. Diversos segmentos foram atuantes neste processo, que envolveu aproximadamente 40 mil pessoas nacionalmente e foi o mais amplo processo de participação para definir políticas públicas no país.[40]

A compreensão das linhas teóricas sobre cidadania e a busca de sua efetivação tanto na sociedade civil e na docência, quanto na gestão pública, é um dos contributos de Liszt Vieira,[41] devendo-se ressaltar que a ampliação e o fortalecimento de mecanismos democráticos pela participação popular são formas de garantir a execução eficiente de políticas públicas.[42]

---

[37] BRASIL. Ministério do Meio Ambiente. *Agenda 21 Brasileira*. [s.d.]. Disponível em: https://antigo.mma.gov.br/responsabilidade-socioambiental/agenda-21/agenda-21-brasileira.html. Acesso em 06 nov. 2021.

[38] CRESPO, Samyra. *Conta quem viveu – escreve quem se atreveu*: crônicas do meio ambiente no Brasil. São Paulo: Instituto Envolverde, 2021.

[39] CRESPO, S. *Conta quem viveu – escreve quem se atreveu*: crônicas do meio ambiente no Brasil. São Paulo: Instituto Envolverde, 2021. p. 166.

[40] NOVAES, Washington. *Agenda 21*: um novo modelo de civilização. Disponível em: https://antigo.mma.gov.br/estruturas/agenda21/_arquivos/caderno_rosa.pdf. Acesso em 12/05/2022.

[41] VIEIRA, Liszt. *Os argonautas da cidadania*. Rio de Janeiro: Record, 2001; VIEIRA, Liszt. Notas sobre o Conceito de Cidadania. *Revista Brasileira de Informação Bibliográfica em Ciências Sociais* - BIB, São Paulo, v. 1, n. 51, p. 35- 47, jan./jun. 2001. Semestral; VIEIRA, Liszt. *Cidadania e globalização*. Rio de Janeiro: Record, 2005.

[42] JACOBI, Pedro Roberto; MORETTO, Evandro Mateus; BEDUSCH FILHO, Luiz Carlos; SINISGALLI, Paulo de Almeida. Aprendizagem social e plataformas de agentes múltiplos

A apresentação, a análise crítica da Agenda 21 Global e as observações sobre a Agenda 21 Brasileira são pontos de partida cruciais para a contextualização histórico-reflexiva do tema, a fim de que não se associe a sustentabilidade no setor público limitadamente a iniciativas bem mais recentes, como o Plano de Logística Sustentável, que foi instituído em 2012 por instrução normativa do então Ministério do Planejamento.

3.4 Dos Objetivos do Milênio aos Objetivos do Desenvolvimento Sustentável – ODS

A Declaração do Milênio[43] foi assinada por líderes de 189 países[44] e estabeleceu oito Objetivos do Milênio, com o propósito de que fossem atingidos até 2015. São eles: acabar com a fome e a miséria; oferecer educação básica de qualidade para todos; promover a igualdade entre os sexos e a autonomia das mulheres; reduzir a mortalidade infantil; melhorar a saúde das gestantes; combater a Aids, a malária e outras doenças; garantir qualidade de vida e respeito ao meio ambiente e estabelecer parcerias para um desenvolvimento mais sustentável

Em 2015, os Objetivos do Milênio foram substituídos pelos Objetivos do Desenvolvimento Sustentável, que podem ser considerados como um chamado para a ação, com vistas ao fim da pobreza, à proteção planetária e à garantia da paz e da prosperidade a todas as pessoas até 2030,[45] mediante a adoção de um plano de ação global composto por dezessete objetivos. Quais sejam:

(multi-agentes) como instrumentos para o aprimoramento da participação social na governança da água. *In*: JACOBI, Pedro Roberto; MORETTO, Evandro Mateus; BEDUSCHI FILHO, Luiz Carlos; SINISGALLI, Paulo de Almeida (orgs.). *Aprendizagem social na gestão compartilhada de recursos hídricos*: desafios, oportunidades e cooperação entre atores sociais. São Paulo. Annablume, 2012. p. 15-31.

[43] PNUD. *Declaração do Milênio*. 2000. Disponível em: https://www.br.undp.org/content/brazil/pt/home/library/ods/declaracao-do-milenio.html#:~:text=Em%20setembro%20de%202000%2C%20191,dever%C3%A3o%20ser%20alcan%C3%A7ados%20at%C3%A9%202015. Acesso em 09 nov. 2021.

[44] ONU Brasil. *Os objetivos de desenvolvimento sustentável no Brasil*. 2015. Disponível em: https://brasil.un.org/pt-br/sdgs#:~:text=e%20no%20mundo.-,Os%20Objetivos%20de%20Desenvolvimento%20Sustent%C3%A1vel%20no%20Brasil,de%20paz%20e%20de%20prosperidade. Acesso em 09 nov. 2021.

[45] PNUD. *What are the Sustainable Development Goals?* [s.d.]. Disponível em: https://www.br.undp.org/content/brazil/pt/home/sustainable-development-goals.html. Acesso em: 12/05/2022.

FIGURA 3 – Objetivos do Desenvolvimento Sustentável

Fonte: UNICEF

Os 17 Objetivos desdobram-se em 169 metas e pressupõem a atuação sistêmica das categorias: *pessoas planeta, prosperidade, paz e parceria*, reconhecendo-se que a complexidade dos desafios demanda a identificação e a implantação de soluções integradas.[46]

Efetuada uma análise crítica dos ODS na esfera internacional, tendo-se por recorte os mecanismos existentes para sua implementação e por propósito identificar as metodologias utilizadas[47] e sua possível adoção para uma governança pública brasileira com sustentabilidade, o quadro a seguir apresenta facilitadores, temas e funções relevantes que contribuem para uma abordagem sistêmica.

---

[46] PNUD. *Data Futures Platform*. Disponível em: https://data.undp.org/about/. Acesso em: 12 maio 2022.
[47] PNUD. *Data Futures Platform*. Disponível em: https://data.undp.org/about/. Acesso em: 12 maio 2022.

QUADRO 2
Mecanismos para integrar governança pública e sustentabilidade

FACILITADORES:
Dados e análise Orçamento Inovação e aprendizado Programas integrados
TEMAS:
Integração das Ferramentas de governança e sustentabilidade Avaliação do progresso e alinhamento das ações Aceleração: pensamento sistêmico Co-criação, colaboração e engajamento Coerência e necessidade de coordenação institucional (sem voluntarismo) Perspectiva de trabalho inclusiva e colaborativa Participação significativa Ferramentas para identificar os riscos, inclusive os climáticos Avaliação de riscos, alerta precoce e gerenciamento de informações Redução de riscos e resiliência Adaptabilidade às mudanças climáticas e redução de riscos ambientais Consideração do princípio da precaução nas decisões Diálogo e parcerias Planejamento de recuperação e resposta à pandemia – COVID-19 Planejamento e enfrentamento às mudanças climáticas
FUNÇÃO:
Diretrizes e diagnóstico Ferramentas baseadas na tecnologia Modelos Indicadores Colaboração com os stakeholders Instrumentos e fundos para financiamento Programas de treinamento e capacitação Conhecimento, plataformas e suas funções

Fonte: adaptado pelos Autores a partir da categorização proposta pelo PNUD.

A governança pública com sustentabilidade, com ferramentas a serem implementadas na premissa da atuação interdisciplinar e integradora, conjuga valores éticos, pensamento sistêmico, planejamento e avaliação de riscos, indicando a necessidade de se empreender no Brasil a sua instituição não centralizada em um único ministério, mas de forma transversal. Há iniciativas bem sucedidas nesse sentido no Brasil, conforme pontuam Warpechowski et al.[48]

Há exemplos nacionais que evidenciam o êxito da constituição prática da governança com transversalidade, como o grupo de estudos criado no âmbito do Conselho Nacional de Justiça, com participação interinstitucional na sua composição, prazos pré-definidos e agenda de trabalho objetiva, findando em normativo sobre a governança com sustentabilidade das contratações públicas no poder judiciário, aprovada pela Resolução nº 347/2020-CNJ.

Assim, da experiência em matéria finalística ambiental, há o aprendizado social de que a efetividade da transversalidade na constituição da governança pública sustentável é muito além da abertura pontual de consultas públicas para contribuições. Refere-se à instituição de mecanismos de governança pública ampliativos e interdisciplinares, com a agregação de expertises no *próprio processo* de elaboração das ações de governança.

Na compreensão de onde partimos e de como estamos, a próxima seção analisará instrumentos e ferramentas brasileiras relacionadas à sustentabilidade no setor público.

3.5 Instrumentos e ferramentas oficiais brasileiros

Esta seção objetiva apresentar os principais instrumentos e ferramentas oficiais brasileiros em prol da governança com sustentabilidade em órgãos públicos nacionais, não se olvidando que o registro e a memória são elementos essenciais para a reflexividade[49] e possibilitam a avaliação das estratégias e a definição urgente de programas públicos que estejam adaptados para o enfrentamento das mudanças climáticas também por parte das instituições governamentais em suas estruturas, fluxos e processos.

Indubitavelmente, há uma contribuição relevante a se explorar no campo da segurança climática por parte do setor público, com destaque às contratações públicas sustentáveis.

---

[48] WARPECHOWSHI, A. C. M.; GODINHO, H. H. A. M; IOCKEN, S. N. *Políticas Públicas e os ODS da Agenda 2030*. Belo Horizonte: Fórum, 2021.

[49] POLLAK, M. Memória e identidade social. *Estudos Históricos*, Rio de Janeiro, v. 5, n. 10, p. 200-2012, 1992.

3.5.1 Agenda Ambiental na Administração Pública – A3P

A Agenda Ambiental na Administração Pública – A3P é um programa do Ministério do Meio Ambiente que tem por objetivo implementar práticas de sustentabilidade na Administração Pública. O Programa foi instituído em 2001 pelo Ministério do Meio Ambiente e atua em seis eixos temáticos que se articulam sistemicamente: uso racional dos recursos naturais e bens públicos; gestão adequada dos resíduos gerados; qualidade de vida no ambiente de trabalho; sensibilização e capacitação de servidores; licitações sustentáveis e construções sustentáveis. Em 2002, a iniciativa foi premiada pela Organização das Nações Unidas para a Educação, a Ciência e a Cultura (UNESCO) como "O melhor dos exemplos" em meio ambiente.[50]

Um de seus diferenciais é o reconhecimento e a ênfase na educação ambiental. Emancipatória e crítica, a educação ambiental é a pedra de toque a transmutar a cultura organizacional pública, em reforço à cidadania dos servidores em seu ambiente de trabalho. Outro aspecto a diferenciar o Programa é não ser obrigatório, mas pressupor adesão voluntária do órgão público interessado.

A adesão ao Programa incentiva o reconhecimento das peculiaridades e desafios de cada instituição pública, sendo que a definição das metas, do plano de trabalho e a priorização das áreas de atuação considera o diagnóstico existente no órgão público.

Em acréscimo, o estímulo à cooperação entre o setor público, o privado e a academia é sinalizador de uma alteração na lógica burocrática estatal nacional, centralizada e compartimentalizada, encaminhando-se para uma gestão em redes de colaboração.

Em análise crítica ao Programa A3P, identificam-se fatores benéficos que se relacionam com uma gestão pública mais integradora e transversal, menos hierarquizada, procurando romper com visões segmentadas no ambiente de trabalho governamental. A A3P é uma das possibilidades para a efetivação da responsabilidade socioambiental na Administração Pública.[51]

A educação ambiental é o fio condutor dos eixos temáticos e possibilita o desenvolvimento de ações com maior criticidade, alinhando-se

---

[50] BRASIL. Ministério do Meio Ambiente. *A história da A3P*. 2021. Disponível em: http://a3p.mma.gov.br/historia/. Acesso em 07 nov. 2021.
[51] BLIACHERIS, M. W. Socio-Environmental Responsibility in Public Administration. *In*: ROSSI, Ana Maria; MEURS, James A.; PERREWÉ, Pamela L. *Improving Employee Health and Well Being*. International Stress Management Association, 2013.

com a Política Nacional de Educação Ambiental de 1998 e a expertise do Ministério do Meio Ambiente no tema.

Como atores participantes de ações do Programa A3P, parece-nos que esta é uma iniciativa que fomenta a consensualidade e a inclusão por uma rede nacional que não pressupõe a adesão formal ao Programa, com o objetivo de romper com deficiências e disfunções do excesso de formalismo e "sacralização" dos procedimentos previamente estabelecidos, perdendo-se por parte dos agentes públicos a compreensão do seu significado.[52] Há a conjugação de orientações e suporte para práticas de gestão socioambiental com disseminação do conhecimento.

Historicamente, há um componente inovador no Programa e foram elaborados diversos manuais que consignam conteúdo socioambiental, explicitam os eixos temáticos e focam na implementação. A versão digital dos materiais e sua disponibilização no sítio da A3P na internet é exemplo do fluxo de informações[53] como caracterizador da potencialidade de incremento da sociedade em rede na Administração Pública.

Além dos materiais virtuais, há um encontro anual entre gestores públicos, capacitações locais e ação incentivadora e disseminadora de boas práticas (Prêmio A3P). A rede de ações não se restringe aos órgãos públicos que formalmente aderiram ao Programa e, aqui, o Direito (consubstanciado na assinatura de um Termo de Adesão com o MMA) não é considerado como condicionante necessária, não havendo impeditivos para articulações e participação de gestores públicos e órgãos que não aderiram ao Programa.

Há a prevalência do valor ético em relação à normatividade e, nesse sentido, o conceito de rede é utilizado (Rede A3P) pela conexão dos agentes públicos, que ocorre via uma lista de e-mails do MMA onde são disseminadas informações, eventos e boas práticas. Funciona, também, muitas vezes, como porta de entrada para a governança sustentável, mediante a utilização de sua metodologia para disseminação de ações tanto internamente, em órgãos públicos, quanto na relação destes com a comunidade local.

Contudo, a equipe que atua no Ministério do Meio Ambiente é reduzida, assim como o orçamento que é dedicado ao Programa. O não fortalecimento institucional da A3P limitou historicamente o seu

---

[52] BATISTA JÚNIOR, Onofre Alves; CAMPOS, Sarah. A Administração Pública consensual na modernidade líquida. In: *Fórum Administrativo – FA*, Belo Horizonte, a. 14, n. 155, p. 31-43, jan. 2014.

[53] CASTELLS, Manuel. *A Sociedade em Rede*. Lisboa: Fundação Calouste Gulbenkian, 2007.

potencial de disseminação nacional. O fato de a adesão ser voluntária e de haver flexibilidade na elaboração do plano de trabalho contribuiu para que a governança socioambiental fosse atrativa para os órgãos públicos desde a sua implantação, mas a não inserção com maior formalidade das iniciativas na estrutura organizacional dos mesmos órgãos públicos leva a dificuldades internas de implementação das ações e da sua sustentabilidade no tempo.

Verifica-se, também, que a superveniência de outros programas socioambientais no poder público, como Esplanada Sustentável e Plano de Logística Sustentável levou a uma sobrecarga de ações, metas e dados a serem levantados nos órgãos públicos que também atuavam com a A3P. Cada sistema/programa instituído possui os seus objetivos, procedimentos e levantamentos a serem efetuados, sem comunicação e uniformização de informações para um diagnóstico nacional, aspectos que já foram, inclusive, identificados pelo Tribunal de Contas da União.

O Sistema de Monitoramento Socioambiental (RESSOA) do Programa A3P possui o potencial de contribuir significativamente para o mapeamento da gestão socioambiental de diferentes entes federativos, mas há a necessidade de fortalecimento do Programa tanto em termos orçamentários quanto em termos de recursos humanos e operacionais. Tal como disponibilizado, o acesso ao RESSOA não é aberto, sendo necessário cadastro prévio, o que indica a necessidade de atualização da plataforma para que se torne acessível, como medida de facilitação de consulta que se almeja de governos digitais, bem como acompanhamento de dados e estudos em geral.

Em pesquisas realizadas, desconhece-se que tenham os dados do RESSOA gerado pesquisas ou publicações oficiais quanto ao diagnóstico da A3P no Brasil. Trata-se de banco de dados dos mais relevantes e cujo potencial de benefícios para a governança pública não tem sido utilizado em toda a sua possibilidade e extensão.

Há dois componentes relevantes a se destacar na Agenda Ambiental na Administração Pública, que enfatizou e implementou diversas parcerias com órgãos públicos brasileiros, como a Advocacia-Geral da União e as Prefeituras, para realização de capacitações públicas conjuntas, multiplicando esforços e aumentando beneficiários, mesmo diante das dificuldades da burocracia brasileira. A linguagem acessível do programa, os manuais orientadores muito práticos foram precursores, anos atrás, do *Visual Law* e *Legal Design,* movimento hoje em ascensão

A atuação sistêmica na implementação dos objetivos, as redes colaborativas e inclusivas, o reconhecimento da realidade de cada órgão público na definição do plano de trabalho e o *visual law* são pontos extremamente relevantes do Programa Agenda Ambiental na Administração Pública e que podem ser contributivos no processo de fortalecimento da governança pública brasileira com sustentabilidade. A consideração da sustentabilidade como um valor[54] fortalece a internalização das iniciativas e a cidadania, contribuindo para a ética pública e ambiental nos órgãos públicos.

A estruturação organizacional com recursos humanos e orçamentários e a utilização dos dados do sistema RESSOA para melhorias na governança pública pela sustentabilidade são elementos importantes que a análise crítica da A3P evidencia.

3.5.2 Plano de Gestão e Logística Sustentável – PLS

O Plano de Gestão e Logística Sustentável foi instituído pelo extinto Ministério do Planejamento, em 2012, por intermédio de uma instrução normativa destinada a órgãos da Administração Pública federal, e, atualmente, prossegue no âmbito do Ministério da Economia. Muitos de seus fundamentos estão embasados na Agenda Ambiental da Administração Pública, aos quais foram agregados outros balizamentos considerados relevantes pelo Ministério que o instituiu.

Seu fundamento normativo encontra-se no Decreto nº 7.746/2012, editado às vésperas de o Brasil sediar a Rio+20, e que estabeleceu critérios e práticas para a promoção do desenvolvimento nacional sustentável nas contratações realizadas pela Administração Pública federal.

O Decreto foi uma sinalização político-institucional nacional para a comunidade internacional no sentido de que, passados vinte e oito anos da Conferência do Rio, tanto o Princípio 8, referente à necessidade de revisão de padrões insustentáveis de produção e consumo, quanto a Agenda 21, com previsões detalhadas sobre contratações públicas sustentáveis, estavam sendo adotados pelo Governo Brasileiro.

Verifica-se, destarte, que o contexto de instituição do Plano de Logística Sustentável estava atrelado a um decreto de contratações públicas sustentáveis e houve a decisão governamental de vinculá-lo, por previsão expressa do Decreto nº 7.746/2012, a uma Secretaria de

---

[54] FREITAS, Juarez. *Sustentabilidade:* direito ao futuro. 4. ed. Belo Horizonte: Fórum, 2019.

Logística e Tecnologia da Informação vinculada ao então Ministério do Planejamento, Desenvolvimento e Gestão.

O conteúdo mínimo do Plano foi previsto no decreto: atualização do inventário de bens e materiais; identificação de similares de menor impacto ambiental para substituição; práticas de sustentabilidade e de racionalização do uso de materiais e serviços; responsabilidades, metodologia de implementação e avaliação do plano e ações de divulgação, conscientização e capacitação. Por posterior Instrução Normativa (nº 10/2012, SLTI/Ministério do Planejamento), seus detalhes foram definidos e é obrigatório para órgãos do poder executivo federal.

Outrossim, o Conselho Nacional de Justiça instituiu, em 2015, a obrigatoriedade de o Poder Judiciário adotar Planos de Logística Sustentável (Resolução nº 201/2015, substituída pela Resolução nº 401/2021, CNJ).

3.5.3 Iniciativas da Advocacia-Geral da União

A Consultoria-Geral da União instituiu uma Câmara Nacional de Sustentabilidade, integrada por membros da instituição, onde têm sido desenvolvidas atividades e ferramentas com o objetivo de contribuir para a segurança jurídica das contratações públicas sustentáveis.

3.5.3.1 Guia Nacional de Contratações Públicas Sustentáveis

O Guia Nacional de Contratações Públicas Sustentáveis é uma publicação no formato digital da Consultoria-Geral da União – Advocacia-Geral da União, elaborada e atualizada periodicamente com o objetivo de fornecer segurança jurídica aos gestores públicos no tocante à implementação do desenvolvimento sustentável nas contratações estatais.

A 1ª edição nacional é de 2016 e, atualmente, já está em sua 4ª edição (agosto/2021), nas versões PDF, disponível no site e intranet da AGU e versão painel Power BI.

O Guia comprova o compromisso brasileiro com a implementação do desenvolvimento sustentável nas contratações públicas nacionais. A publicação é dividida em duas partes: geral e específica. Na primeira, há a apresentação do conceito de Desenvolvimento Sustentável, sua evolução no âmbito internacional (ONU, Objetivos do

Desenvolvimento Sustentável e OCDE) e os fundamentos jurídicos das contratações públicas sustentáveis brasileiras (Constituição Federal e legislação nacional).

São desenvolvidas e detalhadas as dimensões da sustentabilidade a serem consideradas nas contratações públicas: dimensões ambiental, social, econômica, cultural (esta última nos pregões, quando existente), bem como a dimensão ética, que é subjacente ao consumo estatal sustentável. Há detalhamento sobre os procedimentos a serem adotados e cautelas jurídicas para a implementação prática da sustentabilidade em aquisições, serviços e obras públicas, desde a fase de planejamento até a adequada gestão ambiental dos resíduos.

A parte geral é um livro gratuito de Licitações Sustentáveis ofertado pela Consultoria-Geral da União aos gestores públicos brasileiros, a interessados e à coletividade.

A Parte Específica do Guia Nacional de Contratações Sustentáveis é composta por tabelas com orientações jurídicas para inserção nos projetos básicos/termos de referências, editais e contratos em licitações, dispensas e inexigibilidades dos critérios e práticas de sustentabilidade legalmente previstos na legislação nacional, decretos e normas ambientais (CONAMA, IBAMA, Instruções Normativas, Acordos Setoriais). Nela estão elencados os principais objetos contratuais em aquisições, serviços e obras.

O Tribunal de Contas da União manifestou-se no sentido de que o Guia "tem como objetivo oferecer segurança aos gestores públicos na implementação de práticas socioambientais" (Acórdão nº 1056/2017 – Plenário). Em outra oportunidade, a Corte de Contas entendeu pela licitude de cláusulas editalícias relativas à habilitação e à certificação dos licitantes, desenhadas com base em recomendações constantes do Guia, admitindo sua reprodução para certames futuros (Acórdão nº 2661/2017-Plenário).

A publicação é utilizada por órgãos públicos assessorados pela AGU e consultada como referência por Estados e Municípios, além do Poder Legislativo e Judiciário. Seu acesso se dá pelo sítio eletrônico da instituição, na versão PDF e em Painel BI, para facilitação da consulta da Parte Específica pelos gestores públicos.

3.5.3.2 Parecer nº 001/2021/CNS/CGU/AGU

Segundo dados do IBGE (2016),[55] as participações em despesas de consumo das Administrações Públicas em relação ao Produto Interno representaram 20,2% do Produto Interno Bruto.

Sendo assim, a contratação sustentável constitui significativo instrumento de que dispõe a Administração Pública para exigir que as empresas que pretendam contratar com o Poder Público cumpram os requisitos de sustentabilidade socioambiental, desde a produção até a distribuição de bens, assim como na prestação de serviços e na realização de obras de engenharia. As contratações sustentáveis fomentam também a inclusão, mediante a exigência de critérios de acessibilidade previstos em diversas normas nacionais.

O Parecer nº 001/2021/CNS/CGU/AGU objetivou disseminar e fortalecer o tema:

> Ementa:
> I. Os órgãos e entidades que compõem a administração pública são obrigados a adotar critérios e práticas de sustentabilidade socioambiental e de acessibilidade nas contratações públicas, nas fases de planejamento, seleção de fornecedor, execução contratual, fiscalização e na gestão dos resíduos sólidos;
> II. A impossibilidade de adoção de tais critérios e práticas de sustentabilidade nas contratações públicas deverá ser justificada pelo gestor competente nos autos do processo administrativo, com a indicação das pertinentes razões de fato e/ou direito;
> III. Recomenda-se aos agentes da administração pública federal encarregados de realizar contratações públicas, que, no exercício de suas atribuições funcionais, consultem o Guia Nacional de Contratações Sustentáveis da Advocacia-Geral da União.

O Parecer fortalece a utilização do uso do poder de compra estatal para viabilização de políticas públicas socioambientais e de acessibilidade legalmente previstas. Aprovado pelo Subconsultor-Geral da União, é instrumento de extrema relevância, considerando que

> as manifestações jurídicas, as orientações normativas, os manuais, os enunciados, os atos normativos, os modelos e listas de verificação

---

[55] INSTITUTO BRASILEIRO DE GEOGRAFIA E ESTATÍSTICA (IBGE). *Série histórica – Participação da Despesa de Consumo das Administrações Públicas em relação ao Produto Interno Bruto*. Disponível em: https://seriesestatisticas.ibge.gov.br/series.aspx?vcodigo=SCN34&t=partici pacao-despesa-%2520consumo-administracoes-publicas-brem. Acesso em 10 nov. 2021.

e demais trabalhos elaborados pelas Câmaras Nacionais, quando aprovados pelo órgão supervisor e pelo Consultor-Geral da União, devem ser observadas pela CGU e seus órgãos de execução. (Artigo 18, Portaria CGU 3/2019).

No Parecer foram abordados os seguintes temas:

II.1 O MEIO AMBIENTE NA CONSTITUIÇÃO: DIREITO FUNDAMENTAL, BEM JURÍDICO *PER SE* E OBJETO DE TUTELA ESTATAL

II.2 A ACESSIBILIDADE COMO EXIGÊNCIA CONSTITUCIONAL

II.3 A SUSTENTABILIDADE COMO NORTE DO DESENVOLVIMENTO NACIONAL E PRINCÍPIO VINCULANTE DA ATUAÇÃO ESTATAL COM VISTAS A PROMOVER O BEM-ESTAR DAS PRESENTES E FUTURAS GERAÇÕES

II.4 A CONFORMAÇÃO DO PODER DE COMPRA DO ESTADO PELA SUSTENTABILIDADE: A NECESSIDADE DE CONTRATAÇÕES SUSTENTÁVEIS E A FUNÇÃO REGULATÓRIA DAS LICITAÇÕES

II.5 AS CONTRATAÇÕES PÚBLICAS SUSTENTÁVEIS COMO MANDAMENTO DO LEGISLADOR

II.6 INSERÇÃO DE PRÁTICAS E CRITÉRIOS DE SUSTENTABILIDADE E ACESSIBILIDADE NAS CONTRATAÇÕES PÚBLICAS PELO PODER REGULAMENTAR

II.7 DA OBRIGATORIEDADE DE ADOÇÃO DE CRITÉRIOS E PRÁTICAS SUSTENTÁVEIS NAS CONTRATAÇÕES PÚBLICAS

II.8 O GUIA NACIONAL DA AGU COMO INSTRUMENTO FACILITADOR DA IMPLEMENTAÇÃO DE CONTRATAÇÕES SUSTENTÁVEIS E PROMOTOR DE SEGURANÇA JURÍDICA

Verifica-se que houve a contextualização das contratações públicas brasileiras como um mecanismo ético de uso do poder de compra estatal em prol do desenvolvimento sustentável, em uma perspectiva que as incluem como um elo essencial para uma governança pública sustentável.

3.5.3.3 Alinhamento das iniciativas para uma governança pública com sustentabilidade

As iniciativas da AGU estão em alinhamento com a Estratégia Federal de Desenvolvimento para o Brasil 2020-2031 (instituída pelo Decreto nº 10.531/2020), em seu Eixo Ambiental, com destaque ao Desafio 4.3.4: incentivar compras públicas sustentáveis para aquisição de materiais e contratações de serviços e de investimentos.

Há alinhamento com a COP 26 e os OBJETIVOS DO DESENVOLVIMENTO SUSTENTÁVEL, OBJETIVO 12 (Produção e Consumo Sustentável), META 12.7: "Promover práticas de compras públicas sustentáveis, de acordo com as políticas e prioridades nacionais", assim como com a iniciativa do IBGE de desenvolvimento de indicadores brasileiros para os Objetivos do Desenvolvimento Sustentável, indicador: 12.7.1 (contratações sustentáveis). A CGU colaborou institucionalmente com o IBGE em estudos sobre este indicador (site: https://odsbrasil.gov.br).[56]

Em análise das iniciativas da Advocacia-Geral da União, verifica-se que há benefícios ao corpo social decorrentes do reconhecimento institucional de que a consultoria e o assessoramento jurídico em contratações públicas também incluem a efetivação da legislação socioambiental e de acessibilidade via consumo estatal, ressaltando-se que a competência da AGU na orientação jurídica ao poder executivo federal em sustentabilidade é exclusiva e indelegável.

Contudo, a AGU não assessora juridicamente Estados e Municípios, e a adoção por estes das ferramentas disponibilizadas depende da sua consideração como boas práticas de gestão pública pelos gestores públicos estaduais e municipais, bem como de iniciativas jurídicas no âmbito das correspondentes procuradorias.

Para superação desta barreira e ampliação da participação da Advocacia Pública consultiva brasileira no tema, as proposições de Villac:[57]

a) cursos e capacitações promovidas pela Advocacia Pública nos Estados, Municípios e União sobre licitações sustentáveis, gestão de resíduos sólidos, plano de logística sustentável, voltados a servidores e Advogados Públicos;

b) congresso nacional anual da Advocacia Pública Consultiva brasileira municipal, estadual e da União, compartilhando boas práticas, entendimentos jurídicos, instigando debates sobre novos temas relacionados à sustentabilidade na área pública;

---

[56] ONU Brasil. *Os objetivos de desenvolvimento sustentável no Brasil*. 2015. Disponível em: https://brasil.un.org/pt-br/sdgs#:~:text=e%20no%20mundo.-,Os%20Objetivos%20de%20Desenvolvimento%20Sustent%C3%A1vel%20no%20Brasil,de%20paz%20e%20de%20prosperidade. Acesso em 09 nov. 2021.

[57] VILLAC, T. Advocacia pública consultiva: reflexões à luz do pensamento de Martha Nussbaum e Amartya Sen. O novo papel da advocacia pública consultiva no século XXI. *In*: MENDONÇA, André Luiz de Almeida et al. (Orgs.). Belo Horizonte: Editora D'Plácido, 2020.

c) seminários e workshops regionais fomentando a integração interinstitucional no tema, com a presença da Advocacia Pública e de atores institucionais que atuam na temática da sustentabilidade (Poder Judiciário, Poder Legislativo, além de Tribunais de Contas, Secretarias de Meio Ambiente, Ministérios);
d) Fortalecimento institucional da governança pública sustentável, com participação de representantes da Advocacia Pública nas ferramentas necessárias, conferindo visão integrada com o Direito e fortalecendo um modelo de gestão pública brasileira que fomente a sustentabilidade e a inovação nos órgãos públicos brasileiros;
e) disseminação ampla e em nível nacional da temática da sustentabilidade em editais de concursos públicos, de diferentes níveis (técnicos, jurídicos, de gestão etc.), com tópicos sobre: licitações sustentáveis, gestão de resíduos sólidos, governança pública e legislação ambiental brasileira.

Há que se avançar urgentemente na seara, em respeito ao direito fundamental à boa Administração Pública.[58]

---

[58] FREITAS, J. *Direito fundamental à boa administração pública*. São Paulo: Malheiros, 2014.

CAPÍTULO 4

RELATÓRIOS DE SUSTENTABILIDADE: REFLEXÕES NECESSÁRIAS

Os chamados "Relatórios de Sustentabilidade" podem ser considerados poderosos instrumentos de governança, nos quais empresas e governos podem relatar suas ações, projetos e resultados relacionados às práticas sustentáveis. Essas ferramentas promovem a transparência e tangibilizam a *accountability*, gerando maior possibilidade de controle social sobre a atuação de instituições públicas e privadas.

No setor público brasileiro, de uma forma geral, as instituições publicam suas ações e resultados por meio dos Planos de Gestão e Logística Sustentável – PLS e das ações pactuadas na Agenda Ambiental Pública – A3P. No entanto, vê-se que a base desses instrumentos, apesar de preconizar o conceito de sustentabilidade, na prática, acaba relegando a segundo plano elementos relacionados à dimensão social da sustentabilidade e à governança. Dessa forma, fica a seguinte indagação: o que está faltando nas ações e relatos de sustentabilidade de tais instituições públicas?

A resposta a tal indagação passa por dois fatores críticos: o primeiro diz respeito à dimensão normativa, e o segundo se refere a questões de ordem técnica e conceitual. Em primeiro plano, é oportuno apontar que a normatização referente ao PLS e à A3P é merecedora de revisão e de atualização, haja vista que deveriam versar sobre temas relacionados à governança e evidenciar mais aspectos sociais da sustentabilidade.

Destarte, os dispositivos anteriormente mencionados poderiam enfatizar, por exemplo, questões relacionadas ao desenvolvimento local, à valorização de mão de obra local nas contratações, bem como a aspectos ligados a gênero, à raça, a mulheres vítimas de violência doméstica, entre outros. Ademais, poder-se-iam conjugar elementos voltados ao fortalecimento da governança institucional nesses normativos.

Sob um outro prisma, verifica-se que, na prática, que a aplicação do conceito de sustentabilidade tem sido muitas vezes tratada de forma reducionista – algo que vai além dos normativos presentes nos processos decisórios cotidianos. Por exemplo, instituições que lidam com diferentes temas de políticas públicas poderiam relatar em suas ações finalísticas que estão sendo de fato incluídos critérios de sustentabilidade. Em outras palavras, de nada adianta relatar ações de sustentabilidade da área meio, como coleta seletiva e economia de água e energia, se a implantação das políticas setoriais é desprovida de sustentabilidade e não dialoga com elementos de uma boa governança.

Infere-se, portanto, que o PLS e a A3P não se mostram suficientes no sentido de relatar de forma sistêmica as ações voltadas à sustentabilidade das áreas meio e fim das instituições, bem como sua relação com a governança. Com efeito, os relatórios de sustentabilidade deveriam cumprir o papel de contemplar em seus relatos as ações relacionadas à sustentabilidade em toda a atuação institucional, em suas diferentes dimensões, incluindo a governança.

Nesse sentido, convém evidenciar dois tipos de relatórios e padrões de relato que têm se destacado no universo das organizações e que poderiam ser adotados no setor público brasileiro: os Relatórios GRI – *Global Report Initiative* e os Relatórios com Padrão ESG – *Environment, Social, Governance*. Sendo assim, o próximo item irá abordar os principais aspectos relacionados a tais instrumentos, para melhor compreensão do tema.

4.1 Padrão GRI – *Global Report Initiative*

A *Global Reporting Initiative* é uma organização internacional, sem fins lucrativos, com papel de destaque no desenvolvimento de Relatórios Sustentáveis. A iniciativa surgiu em 1997, fundada em Boston pela organização *Coalition for Environmentally Responsible Economie (Ceres)* em parceria com o Programa das Nações Unidas para o Meio Ambiente (PNUMA), com foco na promoção do uso dos relatórios como forma de gerir corretamente indicadores ambientais, sociais e econômicos dentro das organizações.

É válido mencionar que há outras iniciativas que ganharam peso no que diz respeito a indicadores de sustentabilidade, tais como o Índice de Sustentabilidade Empresarial – ISE e o Índice Down Jones de sustentabilidade. Esses dois índices econômicos vêm apontando a direção para investidores identificarem empresas com boas práticas e canalizarem seus recursos nestas companhias.

No entanto, esta publicação irá abordar de forma um pouco mais detalhada os aspectos que envolvem o padrão GRI, haja vista a natureza da repercussão nacional e internacional dessa iniciativa nas esferas privada e pública. Sendo assim, pode-se considerar que a *Global Reporting Initiative (GRI)* é uma importante ferramenta que surgiu no mercado para auxiliar as organizações no fomento ao desenvolvimento sustentável e nas divulgações de suas atividades voltadas a essa perspectiva, visando fortalecer a relação de tais organizações com a sociedade, seja pelo aumento da transparência, seja pelo maior controle social.

De acordo com a GRI,[59] os relatórios retratam padrões de sustentabilidade, valores da organização e modelo de governança, o que impacta diretamente na forma como as empresas se comunicam com a sociedade e como elas se apresentam ao mercado. A elaboração de um relatório sobre os impactos causados por suas atividades cotidianas demonstra transparentemente a ligação entre a estratégia da companhia e o seu compromisso com uma economia global sustentável.

Diante do exposto, cabe a seguinte pergunta: como a iniciativa funciona na prática? A adoção do uso de relatórios como forma de mensurar a performance da sustentabilidade corporativa pode variar, dependendo de cada organização. Logo, é preciso ter um padrão, e é nessa esteira que surgem as chamadas diretrizes da GRI.

Tais diretrizes são conhecidas como G4 (em inglês- *Guideline 4*). Com efeito, as diretrizes criadas pela *Global Reporting Initiative* padronizam as informações contidas nesses relatórios. Desse modo, as informações são reunidas de forma mais compreensível e comparável. Segundo a GRI,[60] o G4 foi desenvolvido por meio de um processo abrangente que envolveu centenas de relatores, usuários de relatórios e intermediários profissionais de todo o mundo e são universalmente aplicáveis a empresas de todos os tamanhos, tipos e setores do mercado. Assim, as Diretrizes G4 constituem um marco internacional relevante em apoio a uma abordagem padronizada de elaboração de relatórios, elevando o grau de transparência e consistência para tornar as informações úteis e confiáveis.

---

[59] GLOBAL REPORT INICIATIVE (GRI). *Como usar os padrões GRI*. [s.d.]. Disponível em: https://www.globalreporting.org/how-to-use-the-gri-standards/. Acesso em 20 set. 2021.
[60] GLOBAL REPORT INICIATIVE (GRI). *Como usar os padrões GRI*. [s.d.]. Disponível em: https://www.globalreporting.org/how-to-use-the-gri-standards/. Acesso em 20 set. 2021.

As Normas GRI são potencialmente aplicáveis em organizações públicas, haja vista que representam as melhores práticas globais para o relato público de diferentes impactos ambientais e sociais. O relato de sustentabilidade, com base nessas normas, oferece informações sobre as contribuições positivas ou negativas de uma organização para o desenvolvimento sustentável.

Destarte, é importante destacar que os Padrões GRI são um sistema modular composto por três séries de Padrões a serem usados em conjunto: Padrões Universais, Padrões Setoriais e Padrões Temáticos. As organizações podem usar os Padrões GRI para prepararem um relatório de sustentabilidade de acordo com os Padrões ou usar Padrões selecionados, ou partes de seu conteúdo, para relatarem informações a usuários ou propósitos específicos, como relatar os impactos de seus projetos e programas específicos para a sociedade.

Outrossim, ressalte-se que os Padrões GRI estão fortemente alinhados aos Objetivos de Desenvolvimento Sustentável da ONU – a avaliação de materialidade global para o nosso mundo. O modelo oferece recursos, ferramentas e assistência prática que permite às organizações divulgarem suas contribuições para os ODS.

Nesse contexto, depreende-se que o uso de tais padrões são aderentes tanto em organizações públicas, quanto no setor privado, visto que ambos estão inseridos no comprometimento com a Agenda 2030 para o Desenvolvimento Sustentável, que engloba ações voltadas a um mundo socialmente justo, economicamente eficiente e ambientalmente equilibrado.

4.2 Padrão ESG – *Environment, Social, Governance*[61]

É notório que houve, nos últimos anos, um movimento no sentido de agregar ao conceito de sustentabilidade outras dimensões relevantes, além daquelas previstas no mencionado tripé. Um exemplo é a disseminação do conceito de ESG no mundo. O termo em inglês, *Enviromental, Social and Governance,* significa a inclusão de fatores e/ou melhores práticas ambientais, sociais e de governança no ambiente de negócios.

---

[61] Essa seção foi inspirada na entrevista concedida pelo autor Renato Cader ao Ementário de Gestão Pública – Disponível em: https://ementario.info/2020/10/27/ementario-de-gestao-publica-no-2-397/. Acesso em 10 mar. 2022.

A origem do termo vem do Pacto Global da ONU, lançado em julho de 2000 pelo então secretário-geral das Nações Unidas, Kofi Annan, e foi uma chamada para as empresas alinharem suas estratégias e operações a dez princípios universais, nas áreas de Direitos Humanos, Trabalho, Meio Ambiente e Anticorrupção, bem como para desenvolverem ações que contribuam para o enfrentamento dos desafios da sociedade. No Brasil, em 2003, foi criada a Rede Brasil, para responder ao Pacto Global.[62]

É indubitável que o termo ESG tem se disseminado cada vez mais nos tecidos institucionais das organizações públicas e privadas. Todavia, é importante dedicar maior atenção às organizações que podem se apropriar da "virtude" da adesão ao ESG e, ao mesmo tempo, ocultar outros impactos ambientais gerados por elas.

Todavia, cabe dedicar maior atenção às organizações, notadamente no que toca ao chamado *Greenwashing*, em que as instituições se intitulam "verdes", mas, na prática, relegam a segundo plano as práticas voltadas à sustentabilidade. Essa é uma preocupação de todos aqueles que defendem o desenvolvimento sustentável. Na Rio + 20, a própria Gro Brundtland, relatora do *"Our Commom Future"*, expressiva e histórica publicação da ONU que disseminou o conceito de desenvolvimento sustentável para o mundo, demonstrou sua grande preocupação com a prática do *Greenwashing*. É importante ter atenção com o possível iminente risco de propagar também um ESG Washing no mundo.

Por outro lado, cabe ponderar que a atual pandemia traz a consolidação de uma nova fase da governança, o que torna a perspectiva do ESG ainda mais adequada, com a valorização da diversidade, da inclusão social, da sustentabilidade, do propósito, da ética, da economia circular de baixo carbono e da inovação. Nesse sentido, acredita-se que os padrões ESG vão reverberar ainda mais nas diversas estratégias de investidores e gestores, em escalas nacional e internacional.

Aliás, milhares de empresas já se comprometeram com os desafios ESG. É importante destacar também que além do Pacto Global da ONU, a própria OCDE já incorporou a proposta. Em 2017, a publicação "Investment Governance and the Integration of Environmental, Social and Governance Factors" demonstrou a necessidade de empresas e governos integrarem as diferentes dimensões do ESG.

---

[62] UNITED NATIONS GLOBAL COMPACT. *Os dez princípios do Pacto Global da ONU*. [S.D.]. Disponível em: https://www.unglobalcompact.org/what-is-gc/mission/principles. Acesso em 10 mar. 2021.

Destarte, os padrões ESG passam a ter um diferencial, haja vista a necessidade de conjugar as perspectivas da governança e da sustentabilidade. Na verdade, as diferentes dimensões do ESG, de uma forma geral, são tratadas separadamente. O tripé do ESG, assim como o tripé da sustentabilidade (ambiental, social, econômico), conhecido como triple *bottom line,* são esforços no sentido de integrar conceitos e iniciativas que não podem andar separadamente e que confluem para o mesmo objetivo: o bem-estar das atuais e futuras gerações.

Logo, pode-se considerar um caminho que não tem volta. Quando surgem esses novos conceitos/perspectivas e são disseminadas com peso, é porque de fato algo precisa melhorar, e rápido, pois o tempo urge e as futuras gerações estão cada vez mais ameaçadas.

No entanto, vale apontar que a perspectiva do ESG no Brasil ainda está engatinhando. De acordo com a Associação Brasileira das Entidades do Mercado Financeiro e de Capitais – ANBIMA (2020),[63] as empresas que usam integração ESG em suas tomadas de decisão e seus poucos produtos temáticos do tipo não somam nem R$500 milhões em patrimônio. É muito pouco se olharmos para o universo das empresas brasileiras. Por outro lado, isso não significa que as organizações que não aderiram não sejam comprometidas com as dimensões do ESG. Há outras formas de as empresas divulgarem suas performances ambientais e sociais, como já visto anteriormente.

Contudo, infere-se que as instituições brasileiras, de uma forma geral, ainda precisam evoluir muito no que toca à sustentabilidade. O que é investimento ainda é visto como despesa. E tais "despesas" ainda são, em grande parte, voltadas apenas a atender às legislações ambiental e trabalhista. Logo, depreende-se que ainda há muitos desafios, apesar dos avanços registrados nas últimas décadas.

Por derradeiro, não é justo também criticar apenas o Brasil. No quesito sustentabilidade, mormente quando se fala de energia e mudanças climáticas, o nosso país encontra-se melhor que muitos países desenvolvidos – os maiores responsáveis pela emissão dos gases do efeito estufa – GEE. De acordo com o Balanço Energético Nacional – BEN (2020),[64] quase 80% de tais emissões é por conta da matriz energética (suja). Porém, quase metade de nossa matriz energética é renovável.

---

[63] ANBIMA. *Relatório Anual 2020.* https://www.anbima.com.br/relatorioanual/2020/#/. Acesso em 12 maio 2022.

[64] EPE. *Balanço Energético Nacional 2020.* Disponível em: https://www.epe.gov.br/pt/publicacoes-dados-abertos/publicacoes/balanco-energetico-nacional-2020. Acesso em: 12 nov. 2021.

O Brasil tem mais de quatro vezes a participação de renováveis do que a média dos países da OCDE.

É oportuno salientar que os maiores desafios da implantação de um padrão ESG estão relacionados à estratégia, à liderança e a competências. No que diz respeito à estratégia, é fundamental que as instituições incluam em sua estratégia fatores relacionados às performances ambiental e social, bem como ao fortalecimento da governança. Não existe uma boa estratégia sem pensar em governança, e vice-versa. É importante que se tenham resultados, com transparência, com integridade, com accountability, com gestão de riscos, com compliance, com responsabilidades social e ambiental.

Essa equação não fecha se não houver lideranças executivas que fazem acontecer. São necessários líderes com menos discursos e com mais prática. No nível da liderança é preciso que tenham profissionais que saibam o que estão fazendo e conheçam o tamanho do desafio. Isso exige que as posições de liderança sejam ocupadas por aqueles que tenham as competências técnicas e gerenciais necessárias para o desafio.

Também não pode ser desconsiderado que "[...] o ESG deve ser encarado a partir das demandas da sociedade e não das empresas",[65] o que nos leva à reflexão de que o setor público não pode importar automaticamente o ESG e adotá-lo na sua integralidade, devendo partir das premissas constitucionais e estabelecer diretrizes consentâneas com a Constituição e com as políticas públicas.

Isso posto, é importante traçar novos caminhos para tais desafios. Um elemento relevante é a adoção de ferramentas, instrumentos e políticas que alinhem a visão da governança e da sustentabilidade nas organizações. Nesse sentido, o próximo capítulo irá descrever, de forma sucinta, como seria um modelo capaz de atender essa perspectiva.

---

[65] FELDMANN, F. Para dar respostas à sociedade. Entrevista. *Revista 22*, Edição Especial: O que importa na agenda ESG brasileira? 12 nov. 2021.

CAPÍTULO 5

INSTRUMENTOS DE GOVERNANÇA E DE SUSTENTABILIDADE

5.1 Desafios

A ideia de se implantar novos instrumentos que conjuguem as perspectivas da governança e da sustentabilidade nas organizações públicas brasileiras reside no fato de que os modelos atuais (PLS, A3P) não refletem de forma efetiva e sistêmica a atuação das instituições referente à sustentabilidade, haja vista que tais organizações, de uma forma geral, reportam suas atividades mais internas e, também, com uma maior ênfase naquelas voltadas para a dimensão ambiental e econômica da sustentabilidade, relegando a segundo plano aspectos atinentes à dimensão social.

Essa visão não tira o mérito do que foi feito até agora, tampouco dos avanços metodológicos existentes nos últimos anos. No entanto, sugere que é preciso avançar ainda mais na aplicação dos conceitos de sustentabilidade e de governança nos órgãos públicos, sobretudo no que toca à forma como tais instituições comunicam suas ações, para que alcancemos um controle social mais efetivo.

Nesse sentido, convém sugerir os elementos mínimos relevantes ou necessários que possam estar incluídos em modelos e instrumentos gerenciais, no sentido de cumprir com maior efetividade a prestação de contas e, assim, fortalecer o elo entre a governança e a sustentabilidade. Sendo assim, cabe a seguinte pergunta: o que está faltando? Em quais aspectos tal perspectiva pode ser melhorada?

Não existe uma resposta certa para essas perguntas, visto que não se trata de uma equação matemática. Com efeito, percebe-se que a visão do elo entre governança e sustentabilidade tem se tornado cada vez mais necessária. Por exemplo, um órgão público que publica um bom programa de integridade e não adota critérios de sustentabilidade em seus projetos foge dessa perspectiva. Sob essa lógica, é preciso analisar o contexto de cada organização e, acima de tudo, ter uma espécie de raio x sobre como a organização atua nos temas governança e sustentabilidade e, também, como ela comunica suas ações para as partes interessadas, o que se revela um cenário desafiador.

Nessa senda, é válido recomendar que as organizações tratem em um único instrumento aspectos relacionados à governança e à sustentabilidade. Se a instituição já tem uma política de governança e outra de sustentabilidade, é importante que ela tenha mecanismos específicos de alinhamento entre tais documentos. Todavia, se ela já tem uma política de sustentabilidade, é importante que tenha um capítulo dedicado à governança, ou vice-versa. À luz dessa perspectiva, a Figura 4, a seguir, demonstra como esses elementos se relacionam entre si. Sob esse viés, é relevante lembrar ainda que a atuação nos temas sustentabilidade e governança deve abarcar tanto a gestão interna da organização, quanto sua missão institucional, à luz do interesse da sociedade.

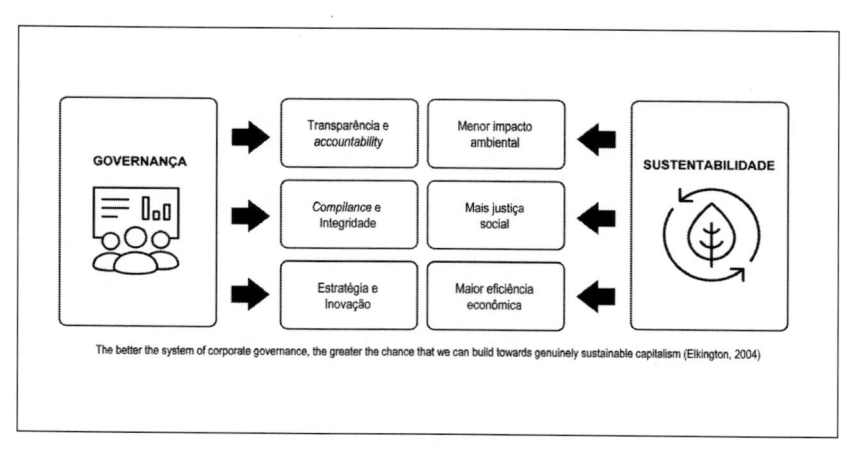

The better the system of corporate governance, the greater the chance that we can build towards genuinely sustainable capitalism (Elkington, 2004)

FIGURA 4 – Aspectos de Governança e de Sustentabilidade nas Políticas Organizacionais

Nota-se que a Figura 4 é acompanhada de uma frase do John Elkington, precursor do conceito de *Triple Bottom Line,* demonstrando as vantagens de conciliar essas perspectivas nas políticas organizacionais.

Essa ótica, de alguma forma, já tem sido adotada nas empresas privadas em suas políticas e relatórios de sustentabilidade. Basta fazer uma rápida pesquisa na internet para verificar a quantidade de empresas que aderiram aos padrões ESG e GRI.

Por outro lado, é preciso que governos e instituições públicas avancem nessa direção. Mas é natural que venham questionamentos sobre como de fato implementar isso na prática. Primeiramente, faz-se necessário que as instituições conheçam a relação de sua missão com os aspectos relacionados à sustentabilidade e à governança. Por exemplo, uma instituição pública responsável pelas políticas voltadas ao Agronegócio de seu país poderia incluir em uma política de sustentabilidade e de governança daquele Ministério a necessidade de relatar quais ações e programas finalísticos envolvam esses aspectos, bem como seus indicadores e metas.

Diante do exposto, é mister que as instituições públicas procurem inovar na forma como lidam com os temas sustentabilidade e governança. É preciso que relatem e incluam em suas políticas e estratégias aspectos relacionados à Transparência, *Accountability*, *Compliance*, Integridade, contemplando ações e políticas voltadas à promoção de mais justiça social, mais eficiência econômica e menor impacto ambiental – elementos basilares da sustentabilidade. Em outras palavras, pode-se dizer que não basta fazer coleta seletiva, reduzir o consumo de água e energia, fazer ações de educação ambiental, organizar eventos sobre sustentabilidade, se, na prática, a instituição não está priorizando também a sustentabilidade e a governança em suas políticas finalísticas e ações voltadas à missão institucional.

No entanto, não se pode olvidar também de enfatizar a relevância das ações referentes à gestão interna das organizações, como aquelas voltadas ao consumo sustentável, a compras sustentáveis, à gestão de resíduos e a relações de trabalho. É oportuno salientar que nos últimos anos houve avanços interessantes nessa perspectiva no Brasil. Dessa forma, as próximas seções irão tratar desses temas de forma mais detalhada, para melhor compreensão de como eles ingressam no setor público.

5.2 Contratações Públicas Sustentáveis: essenciais à governança sustentável brasileira

As contratações públicas sustentáveis, compreendidas na sua visão sistêmica, do planejamento à gestão de resíduos, possibilitam a interlocução e o desenvolvimento de temas da maior relevância nacionalmente, como ciclo de vida, economia circular, prevenção de resíduos, inclusão social, bens mais sustentáveis, energias renováveis, contribuindo não apenas para maior segurança climática, mas também como ferramentas para a governança pública sustentável.

5.2.1 Contextualização: perspectivas nacional e internacional

As chamadas Compras Públicas Sustentáveis, ou licitações sustentáveis, envolvem a inclusão de critérios de sustentabilidade nos processos de compras. As CPS geram consequências ambientais, sociais e econômicas em diversos aspectos, tais como: elaboração de projeto; utilização de materiais renováveis; métodos de produção; logística e distribuição; uso, operação, manutenção, reuso; opções de reciclagem; e o comprometimento dos fornecedores em lidar com essas consequências ao longo de toda a cadeia produtiva.[66]

A literatura sobre compras sustentáveis tem encontrado vários fatores organizacionais que podem ser considerados como motivadores ou barreiras de compras sustentáveis, tais como iniciativas da alta administração, regulamentações governamentais, legislação nacional ou internacional, compromisso com a aquisição e/ou com a sustentabilidade, com treinamento, ou com a capacidade de oferta do mercado.[67]

Para que as compras sustentáveis sejam efetivas, é preciso que se tenha do outro lado um mercado capaz de ofertar os produtos e serviços com os critérios de sustentabilidade exigidos no processo de compra. A demonstração de viabilidade dessa perspectiva representa prova mais árdua para o comércio e para a indústria, que têm que criar estratégias para maximizar suas vantagens competitivas e, ao mesmo

---

[66] UK SUSTAINABLE PROCUREMENT TASK FORCE. *Procuring the Future*. London: Department for Environment, Food and Rural Affairs, 2006. Disponível em: http://www.defra.gov.uk/sustainable/government/documents/ful-document.pdf. Acesso em 25 nov. 2020.

[67] GRANDIA, J. Examining the mediating role of sustainable public procurement behaviour. *Journal of Cleaner Production*, n. 124, fev. 2016; BETIOL, L. S. *et al. Compra sustentável*: a força do consumo público e empresarial para uma economia verde e inclusiva. 1. ed. São Paulo: GVCES, 2012. Disponível em: http://www.gvces.com.br/arquivos/130/CompraSust_web_dupla.pdf. Acesso em 20 mar. 2021; SILVA, R. C. *et al.* Sustainable public procurement: the Federal Public Institution's shared system. *REGE Revista de Gestão*, n. 25, v. 1, p. 09-24, 2018. Disponível em: https://www.revistas.usp.br/rege/article/view/144404. Acesso em 10 set. 2019.

tempo, minimizar o uso de recursos, de energia e, sobretudo, minimizar os seus impactos ambientais.[68]

Witjes e Lozano,[69] ao abordarem o tema da Economia Circular, propõem essa ótica no processo de compras públicas sustentáveis, em que a interação entre compradores públicos e fornecedores deve ter como pano de fundo o desenvolvimento de modelos de negócios mais sustentáveis. A lógica das compras sustentáveis deve considerar ainda as especificidades socioculturais e o incentivo a fornecedores locais.

É válido ponderar que a relação entre o comprador e o fornecedor não termina com o fim do contrato. Há de se ter atenção com o pós-consumo, com a redução de matéria-prima, com a minimização da geração dos resíduos e, também, com o potencial de fomentar o desenvolvimento de novos mercados.[70]

Alinhada à tônica da produção sustentável, a perspectiva do consumo sustentável pode se tornar crescente em qualquer contexto no qual existem empresas motivadas a produzir bens e serviços sustentáveis. O contexto atual reflete um cenário de urgência: a população mundial consome mais do que o planeta pode naturalmente repor, e 15 dos 24 serviços vitais oferecidos pela natureza, como água, equilíbrio climático e solos para produção de alimentos, estão em declínio.[71] A busca por padrões sustentáveis de produção e de consumo requer mudança de hábitos de empresas e governos, que têm a capacidade de inserir critérios de sustentabilidade em seus processos de compra.

---

[68] SCHMIDHEINY, S. *Mudando o rumo*: uma perspectiva empresarial global sobre meio ambiente e desenvolvimento. Rio de Janeiro: Fundação Getulio Vargas, 1992; SHARMA, S.; VREDENBURG, H. Proactive Corporate Environmental Strategy and the Development of Competitively Valuable Capabilities. *Strategic Management Journal*, n. 19, v. 8, p. 729-753, 1998; WITJES, S.; LOZANO, R. Towards a more Circular Economy: proposing a framework linking sustainable public procurement and sustainable business models. *Resources, Conservation e Recycling*, v. 112, p. 37-44, 2016; BETIOL, L. S. *et al*. *Compra sustentável*: a força do consumo público e empresarial para uma economia verde e inclusiva. 1. ed. São Paulo: GVCES, 2012. Disponível em: http://www.gvces.com.br/arquivos/130/CompraSust_web_dupla.pdf. Acesso em 20 mar. 2021.

[69] WITJES, S.; LOZANO, R. Towards a more Circular Economy: proposing a framework linking sustainable public procurement and sustainable business models. *Resources, Conservation e Recycling*, v. 112, p. 37-44, 2016.

[70] WITJES, S.; LOZANO, R. Towards a more Circular Economy: proposing a framework linking sustainable public procurement and sustainable business models. *Resources, Conservation e Recycling*, v. 112, p. 37-44, 2016; BETIOL, L. S. *et al*. *Compra sustentável*: a força do consumo público e empresarial para uma economia verde e inclusiva. 1. ed. São Paulo: GVCES, 2012. Disponível em: http://www.gvces.com.br/arquivos/130/CompraSust_web_dupla.pdf. Acesso em 20 mar. 2021.

[71] BETIOL, L. S. *et al*. *Compra sustentável*: a força do consumo público e empresarial para uma economia verde e inclusiva. 1. ed. São Paulo: GVCES, 2012. Disponível em: http://www.gvces.com.br/arquivos/130/CompraSust_web_dupla.pdf. Acesso em 20 mar. 2021.

No caso do Brasil, os primeiros compromissos com a produção e o consumo sustentáveis foram assumidos na ECO-92 e, aproximadamente dez anos depois, foi publicada a Agenda 21 Brasileira, reforçando o compromisso do país com o desenvolvimento sustentável, numa perspectiva de participação efetiva do Estado, do mercado e da sociedade civil organizada. É importante destacar que, até então, o tema "compras públicas sustentáveis" sempre fora tratado de forma tímida no universo semântico da produção e do consumo sustentáveis.

Na Conferência Rio + 20, evento realizado 20 anos após a ECO-92, o Brasil fez parte da chamada Iniciativa Internacional em Compras Públicas Sustentáveis (SPPI). A iniciativa teve o objetivo de reunir esforços internacionais para a promoção das compras públicas sustentáveis, com o foco de análise nas barreiras existentes para promoção e implantação das CPS, com o desenvolvimento de ferramentas que possibilitem atuações mais eficazes no mundo. Durante a conferência, foram discutidos compromissos globais pela sustentabilidade, pela inclusão e pela erradicação da pobreza extrema no planeta. Houve diversas propostas que integraram o documento oficial e destacamos a posição do Brasil perante a ONU, que enfatizou o entendimento nacional de que há um papel do Estado como indutor e regulador do desenvolvimento sustentável.[72]

É importante pontuar que as compras sustentáveis ao redor do mundo já acontecem com efetividade considerável há muitos anos. Betiol *et al*.[73] apontam que iniciativas articuladas já promoviam as compras sustentáveis, como a *The International Green Purchasing Network (IGPN)*, que agrupa instituições de governo e empresas e, desde 2001, possui lei específica; e a *North American Green Purchasing Iniciative (NAPGI)*, que auxilia agências públicas na implementação de licitações verdes. Além de integrante da iniciativa, o Canadá se destaca por ter criado um órgão que lidera a gestão e o suporte de implementação de sua política de compras verdes.

A União Europeia adotou um conjunto de instrumentos legais e políticos para seus estados-membro, em especial com a aprovação de

---

[72] CONFERÊNCIA DAS NAÇÕES UNIDAS SOBRE O DESENVOLVIMENTO SUSTENTÁVEL. *Relatório de Sustentabilidade da Rio+20*. 2012. Disponível em: http://www.rio20.gov.br/documentos/relatorio-rio-20/1.-relatorio-rio-20/at_download/relatorio_rio20.pdf. Acesso em 20 mai. 2020.

[73] BETIOL, L. S. *et al. Compra sustentável*: a força do consumo público e empresarial para uma economia verde e inclusiva. 1. ed. São Paulo: GVCES, 2012. Disponível em: http://www.gvces.com.br/arquivos/130/CompraSust_web_dupla.pdf. Acesso em 20 mar. 2021.

duas diretivas: a de nº 2004/17 e a de nº 2004/18.[74] Silva *et al.*[75] expõem, sob uma perspectiva histórica mais geral, o ingresso da temática *compras públicas sustentáveis* na agenda dos países europeus. Na visão dos autores, pode-se considerar que o primeiro país a tratar da temática foi a Alemanha, tendo sua política de contratações públicas sustentáveis desde 1986,[76] seguida de Áustria, Dinamarca, Holanda e Suécia. A Alemanha havia, já nos anos 1970, idealizado um selo verde governamental denominado *Blue Angel*, que apontava produtos que contavam com critérios ambientais de sustentabilidade.

Ademais, a Áustria, desde os anos 1980, possui diversas cidades que passaram a realizar na prática o processo de contratações públicas sustentáveis. Já na Suécia, o tema vem sendo trabalhado desde 1990. Nesse mesmo ano, na Holanda, as contratações públicas são reconhecidas como política de proteção ambiental, e o mercado vem respondendo a essa demanda governamental produzindo com critérios de sustentabilidade. Finalmente, na Dinamarca, desde 1994, há norma de adesão obrigatória para as contratações públicas sustentáveis em órgãos governamentais.[77]

No mundo, há de fato diversas experiências bem-sucedidas em compras sustentáveis. Essas já se apresentam com um grau de maturidade razoável.[78] Em 2007, a Comissão Europeia identificou sete países

---

[74] BETIOL, L. S. *et al*. *Compra sustentável*: a força do consumo público e empresarial para uma economia verde e inclusiva. 1. ed. São Paulo: GVCES, 2012. Disponível em: http://www.gvces.com.br/arquivos/130/CompraSust_web_dupla.pdf. Acesso em 20 mar. 2021; BRITO, F. Pires. *Contratações Públicas Sustentáveis*: (Re) leitura verde da atuação do estado brasileiro. Rio de Janeiro: Lumen Juris, 2020.

[75] SILVA, R. C. *et al*. Sustainable public procurement: the Federal Public Institution's shared system. *REGE Revista de Gestão*, n. 25, v. 1, p. 09-24, 2018. Disponível em: https://www.revistas.usp.br/rege/article/view/144404. Acesso em 10 set. 2019.

[76] Informação coletada pelo autor Renato Cader por meio da visita técnica feita na Agência Federal do Meio Ambiente da Alemanha, em Dessau, no dia 7 de junho de 2012.

[77] SILVA, R. C. *et al*. Sustainable public procurement: the Federal Public Institution's shared system. *REGE Revista de Gestão*, n. 25, v. 1, p. 09-24, 2018. Disponível em: https://www.revistas.usp.br/rege/article/view/144404. Acesso em 10 set. 2019.

[78] WALKER, H.; BRAMMER, S. The relationship between sustainable procurement and e-procurement in the public sector. *Int. J. Production Economics*, v. 140, p. 256-268, 2012; BETIOL, L. S. *et al*. *Compra sustentável*: a força do consumo público e empresarial para uma economia verde e inclusiva. 1. ed. São Paulo: GVCES, 2012. Disponível em: http://www.gvces.com.br/arquivos/130/CompraSust_web_dupla.pdf. Acesso em 20 mar. 2021; SILVA, R. C. *et al*. Sustainable public procurement: the Federal Public Institution's shared system. *REGE Revista de Gestão*, n. 25, v. 1, p. 09-24, 2018. Disponível em: https://www.revistas.usp.br/rege/article/view/144404. Acesso em 10 set. 2019; BRITO, F. Pires. *Contratações Públicas Sustentáveis*: (Re) leitura verde da atuação do estado brasileiro. Rio de Janeiro: Lumen Juris, 2020; UEHARA, T. *Public Procurement for sustainable development*: a framework for the public sector. Chatan House: Energy, Environment and Resources Programme, nov. 2020.

considerados com alto grau de compras verdes. São eles: Áustria, Alemanha, Dinamarca, Finlândia, Holanda, Reino Unido e Suécia.[79]

É oportuno lembrar que foi editada, em 2017, a ISO 20400 – a primeira norma internacional de orientação em compras sustentáveis. Ela fornece um entendimento do que são compras sustentáveis, de como a sustentabilidade afeta os diferentes aspectos da atividade de compras – política, estratégia, organização, processo – e de como implementar compras sustentáveis na prática. Desde a aprovação do projeto, em fevereiro de 2013, uma série de reuniões internacionais foram realizadas na França, no Brasil, em Cingapura, no Reino Unido e na Austrália, a fim de construir o consenso.[80]

De acordo com a organização internacional de normalização – ISO,[81] seu processo de construção refletiu um forte interesse internacional no tema. A ISO foi uma iniciativa global com 52 países que contribuíram para o desenvolvimento da chamada "ISO 20400", por meio de seus Organismos Nacionais de Normalização. Outras grandes organizações internacionais participaram do projeto, incluindo a ONU, a OCDE, a ONU Pacto Global, a Comissão Europeia.

Impende ressaltar que, no Brasil, as Compras Públicas Sustentáveis têm ganhado mais espaço no cenário nacional.[82] Observa-se, por conseguinte, o avanço efetivo do tema "compras públicas sustentáveis" no Brasil e no mundo hodiernamente.

Faz-se necessária, portanto, a disseminação desse tema nas diversas organizações dos níveis federal, estadual e municipal. Dessa forma, o Estado deve se colocar como um promotor de ações sustentáveis, em suas dimensões social, ambiental e econômica. Nos últimos

---

[79] OECD. *Promoting Sustainable Consumption*: Good Pratices in OECD Countries. 2008. Disponível em: www.ecd.org/publishing/corrigenda. Acesso em 20 fev. 2021.

[80] ISO 20400. *Compras Sustentáveis*. 2018. Inmetro. Portaria nº 317, de 19 de junho de 2012. Disponível em: https://www.iso20400.org/wp-content/uploads/2019/03/ISO20400_one-page-PT.pdf. Acesso em 05 mai. 2021.

[81] ISO 20400. *Compras Sustentáveis*. 2018. Inmetro. Portaria nº 317, de 19 de junho de 2012. Disponível em: https://www.iso20400.org/wp-content/uploads/2019/03/ISO20400_one-page-PT.pdf. Acesso em 05 mai. 2021.

[82] MOREIRA, P.; GROTTA, R.; JUNIOR, C. Compras Públicas Sustentáveis: uma análise dos processos de compras do governo federal nos últimos cinco anos. *Latin American Journal of Business Management – LAJBM*, v. 8, n. 2, p. 214-236, jul./dez. 2017; BETIOL, L. S. et al. *Compra sustentável*: a força do consumo público e empresarial para uma economia verde e inclusiva. 1. ed. São Paulo: GVCES, 2012. Disponível em: http://www.gvces.com.br/arquivos/130/CompraSust_web_dupla.pdf. Acesso em 20 mar. 2021; SILVA, R. C. et al. Sustainable public procurement: the Federal Public Institution's shared system. *REGE Revista de Gestão*, n. 25, v. 1, p. 09-24, 2018. Disponível em: https://www.revistas.usp.br/rege/article/view/144404. Acesso em 10 set. 2019.

anos, o setor público brasileiro, dados os compromissos internacionais e as pressões dos órgãos de controle, tem dado mais ênfase a políticas e normas voltadas à sustentabilidade, conforme será apresentado na seção seguinte.

5.2.2 Políticas e normas

O Brasil assumiu diversos compromissos no que tange às compras públicas sustentáveis e isso pode ser identificado no aporte de políticas e normas brasileiras que obrigam e/ou estimulam o setor público a realizá-las. Algumas dessas normas são claras e diretas e outras acabam sendo mais indutoras de práticas de compras com critérios de sustentabilidade.

Após a Constituição de 1988, um marco histórico foi a publicação da Lei nº 12.349/2010, que incluiu a promoção do desenvolvimento nacional sustentável como finalidade da licitação.[83] Esse normativo definiu como não comprometedores ou não restritivos à competitividade nas licitações vários dispositivos incluídos no artigo 3º da Lei nº 8.666/1993 (parágrafos 5º ao 12º), muitos voltados à proteção da indústria e à produção local.[84]

A Lei nº 12.349/2010 traz aos gestores públicos a obrigatoriedade de observar o objetivo do desenvolvimento sustentável nas contratações públicas, de modo autoaplicável,[85] não dependendo de regulamentação por decreto. É importante ponderar que o termo *desenvolvimento sustentável*, por ser apresentado de forma genérica, não é acompanhado de ações específicas necessárias e detalhadas a serem levadas em consideração nos editais de licitação. Em outras palavras, o normativo não detalha como os critérios de sustentabilidade devem aparecer em cada produto e serviço a ser licitado.

Ressalte-se que foram publicadas outras leis que, embora não tratem diretamente de compras públicas, mencionam de alguma forma

---

[83] BRASIL. Lei nº 12.349, de 15 de dezembro de 2010. Altera as Leis nºs 8.666, de 21 de junho de 1993, 8.958, de 20 de dezembro de 1994, e 10.973, de 2 de dezembro de 2004; e revoga o §1º do art. 2º da Lei nº 11.273, de 6 de fevereiro de 2006. *Diário Oficial da União*, Brasília, DF, 2010. Disponível em: http://www.planalto.gov.br/ccivil_03/_Ato2007-2010/2010/Lei/L12349.htm. Acesso em 20 nov. 2020.

[84] BRASIL. Lei nº 8.666, de 21 de junho de 1993. Regulamenta o art. 37, inciso XXI, da Constituição Federal, institui normas para licitações e contratos da Administração Pública e dá outras providências. *Diário Oficial da União*, Brasília, DF, 22 jun. 1993. Disponível em: http://www.planalto.gov.br/ccivil_03/Leis/L8666cons.htm. Acesso em 20 nov. 2020.

[85] VILLAC, T. *Licitações Sustentáveis no Brasil*. 2. ed. Belo Horizonte: Fórum, 2020.

a preferência por produtos sustentáveis nas aquisições do setor público. A Lei nº 12.187/2009, que instituiu a Política Nacional sobre Mudança de Clima (PNMC), recomenda a adoção de critérios de preferência nas licitações e concorrências públicas, para as propostas que propiciem maior economia de energia, de água e de outros recursos naturais, bem como a redução da emissão de gases de efeito estufa e de resíduos.[86] Essa perspectiva é evidenciada pela norma como um instrumento da política nacional, mas não traz de forma expressa que é uma obrigatoriedade incluir tais critérios em cada edital de licitação.

É oportuno salientar que, em menos de um ano após a publicação da PNMC, foi publicada a Lei nº 12.305/2010, que instituiu a Política Nacional de Resíduos Sólidos (PNRS) que, em seu artigo 7º, inciso XI, destaca como um dos objetivos, a prioridade nas aquisições e contratações governamentais de produtos reciclados e recicláveis, assim como bens, serviços e obras que considerem critérios compatíveis com padrões de consumo social e ambientalmente sustentáveis.[87] Observa-se que essa norma também insere a mencionada prioridade como um dos objetivos da política, mas não traz de forma expressa que é uma obrigatoriedade incluir tais critérios em cada edital de licitação.

No plano infralegal, foi publicada a Instrução Normativa (IN) nº 1, de 19 de janeiro de 2010, da Secretaria de Logística e Tecnologia da Informação do então Ministério do Planejamento, Orçamento e Gestão (SLTI/MPOG).[88] Essa instrução prevê expressamente que as especificações técnicas para aquisições de bens e contratações de obras e serviços deverão conter critérios ambientais nos processos de extração, de fabricação, de utilização e de descarte de matérias-primas, sem frustrar o caráter competitivo do certame. O normativo descreve um conjunto de critérios de sustentabilidade a serem seguidos por órgãos e entidades da Administração Pública Federal. Pondere-se que já se passaram mais

---

[86] BRASIL. Lei nº 12.187, de 29 de dezembro de 2009. Institui a Política Nacional sobre Mudança do Clima – PNMC e dá outras providências. *Diário Oficial da União*, Brasília, DF, 2009. Disponível em: http://www.planalto.gov.br/ccivil_03/_ato2007-2010/2009/lei/l12187.htm. Acesso em 20 nov. 2020.

[87] BRASIL. Lei nº 12.305, de 2 de agosto de 2010. Institui a Política Nacional de Resíduos Sólidos, 2010; altera a Lei nº 9.605, de 12 de fevereiro de 1998; e dá outras providências. *Diário Oficial da União*, Brasília, DF, 2010. Disponível em: http://www.planalto.gov.br/ccivil_03/_ato2007-2010/2010/lei/l12305.htm. Acesso em 20 nov. 2020.

[88] BRASIL. *Instrução Normativa nº 01, de 19 de janeiro de 2010*. Secretaria de Logística e Tecnologia da Informação do Ministério do Planejamento, Orçamento e Gestão (MPOG). Dispõe sobre os critérios de sustentabilidade ambiental na aquisição de bens, contratação de serviços ou obras pela Administração Pública Federal direta, autárquica e fundacional e dá outras providências. Brasília, DF, 19 jan. 2010.

de dez anos, sendo a referida Instrução Normativa merecedora de ser revisada com vistas à atualização.

Na visão de Villac,[89] a Instrução Normativa nº 1/2010 traz, de forma inédita, mudanças significativas nas contratações públicas, não meramente operacionais, mas substantivas, desde a extração até o descarte, no poder executivo federal. Apesar de a IN se referir expressamente à sustentabilidade ambiental, a norma traz previsões concernentes à dimensão social, tais como obrigatoriedade de equipamentos de segurança, de mão de obra de origem local e de separação de resíduos recicláveis com encaminhamento a cooperativas e a associações de catadores.

Ressalte-se que a referida instrução normativa traz um conjunto de obrigatoriedades ao gestor público. O dispositivo dispõe que devem conter critérios de sustentabilidade ambiental nas especificações de bens e serviços a serem licitados. Por outro lado, ao detalhar os diversos critérios ambientais, a norma expressa que os órgãos e entidades da Administração Pública "poderão" e não exatamente "deverão" incluir critérios como material reciclado, biodegradável, atóxico, livres de substâncias perigosas etc. Já os critérios de sustentabilidade social mencionados no parágrafo anterior são dispostos como obrigatórios, conferindo à normatização previsões obrigatórias e não obrigatórias.

Depois de dois anos da publicação da IN nº 1/2010, no mês de realização da Rio+20, especificamente no Dia Mundial do Meio Ambiente, foi publicado o Decreto nº 7.746,[90] que regulamenta o artigo 3º da Lei nº 8.666/1993,[91] estabelecendo critérios, práticas e diretrizes gerais de sustentabilidade nas contratações realizadas pela Administração Pública federal. O decreto é mais um instrumento legal que baliza as fundamentações jurídicas dos processos de contratações sustentáveis. E, apesar de estabelecer algumas obrigações, como a exigência aos órgãos e às entidades da Administração Pública federal de elaborarem os Planos de Logística Sustentável, o normativo ainda traz previsões não obrigatórias no que toca à sustentabilidade ambiental.

---

[89] VILLAC, T. *Licitações Sustentáveis no Brasil*. 2. ed. Belo Horizonte: Fórum, 2020.
[90] BRASIL. *Decreto nº 7.746, de 5 de junho de 2012*. Regulamenta o art. 3º da Lei nº 8.666, de 21 de junho de 1993, para estabelecer critérios e práticas para a promoção do desenvolvimento nacional sustentável nas contratações realizadas pela Administração Pública federal direta, autárquica e fundacional e pelas empresas estatais dependentes, e institui a Comissão Interministerial de Sustentabilidade na Administração Pública – CISAP. Brasília, DF, 5 jun. 2012.
[91] BRASIL. *Lei nº 8.666, de 21 de junho de 1993*. Regulamenta o art. 37, inciso XXI, da Constituição Federal, institui normas para licitações e contratos da Administração Pública e dá outras providências. *Diário Oficial da União*, Brasília, DF, 22 jun. 1993. Disponível em: http://www.planalto.gov.br/ccivil_03/Leis/L8666cons.htm. Acesso em 20 nov. 2020.

Em seguida, foi publicada a IN nº 10, de 12 de novembro de 2012, da SLTI/MPOG, que estabelece regras para elaboração dos planos de gestão de logística sustentável, incitando práticas de contratações sustentáveis, conforme disposto no artigo 11, inciso VI, e no Anexo II da referida norma.[92] A norma também traz previsões obrigatórias e não obrigatórias. Percebe-se, no entanto, que as obrigatórias são mais relacionadas à redução do consumo. De todo modo, observa-se, claramente, o avanço no arcabouço jurídico orientado para as contratações sustentáveis no Brasil nos últimos anos.

Um aspecto relevante a ser considerado é que a maioria das políticas e normas publicadas na área de sustentabilidade nas compras públicas no Brasil têm o foco mais voltado para a dimensão ambiental da sustentabilidade. Todavia, ainda se viu, ao longo dos anos, um esforço do legislador no sentido de publicar leis mais voltadas para as dimensões social e econômica. Um exemplo é a aplicação da Lei Complementar nº 123/2006[93] e as alterações trazidas pela Lei Complementar nº 147,[94] que têm algumas previsões obrigatórias e outras cuja aplicação ficam a critério do gestor. A lei preconiza a valorização das microempresas (ME) e empresas de pequeno porte (EPP), bem como daquelas de nível local. Valorizar fornecedores pequenos e locais é critério de sustentabilidade merecedor de destaque, uma vez que é incitada a geração de emprego e renda e o desenvolvimento local.

A dimensão social da sustentabilidade já era observada, mesmo que em alguns temas muito específicos, antes mesmo da publicação das políticas e normas publicadas com o foco mais ambiental. Um exemplo é a Lei nº 8.213, de 24 de julho de 1991, que institui cotas mínimas para contratação de pessoas com deficiência em empresas com mais de cem empregados. Sendo assim, torna-se dever do administrador público cobrar tal dispositivo das empresas nas licitações.

---

[92] BRASIL. *Instrução Normativa nº 10, de 12 de novembro de 2012*. Secretaria de Logística e Tecnologia da Informação do Ministério do Planejamento, Orçamento e Gestão (MPOG). Estabelece regras para elaboração dos Planos de Gestão de Logística Sustentável de que trata o art. 16, do Decreto nº 7.746, de 5 de junho de 2012, e dá outras providências. Brasília, DF, 12 nov. 2012.

[93] BRASIL. Lei Complementar nº 123, de 14 de dezembro de 2006. Institui o Estatuto Nacional da Microempresa e da Empresa de Pequeno Porte; e dá outras providências. *Diário Oficial da União*, Brasília, DF, 15 dez. 2006. Disponível em: http://www.planalto.gov.br/ccivil_03/leis/LCP/Lcp123.htm. Acesso em 23 fev. 2021.

[94] BRASIL. Lei Complementar nº 147, de 7 de agosto de 2014. Altera a Lei Complementar nº 123, de 14 de dezembro de 2006; e dá outras providências. *Diário Oficial da União*, Brasília, 8 ago. 2014a. Disponível em: http://www.planalto.gov.br/ccivil_03/leis/lcp/lcp147.htm. Acesso em 23 fev. 2021.

Sobre essa mesma temática, foi publicada em seguida a Lei nº 10.098, de 19 de dezembro de 2000, que estabelece normas gerais e critérios básicos para promoção de acessibilidade às pessoas portadoras de deficiência ou com mobilidade reduzida.[95] Aproximadamente quatro anos depois, o Decreto nº 5.296, de 2 de dezembro de 2004, regulamentou a referida lei.[96] Tais dispositivos incluem a obrigatoriedade de critérios de acessibilidade nas contratações de serviços de engenharia e arquitetura, de transporte, dentre outros.

No que diz respeito à acessibilidade, percebe-se que um dos maiores avanços foi a publicação do Estatuto da Pessoa com Deficiência, publicado por meio da Lei nº 13.146, de julho de 2015, que estabelece diversas medidas de inclusão social, com o estabelecimento da obrigação de incluir critérios de acessibilidade nas licitações de obras e serviços de engenharia.[97]

É interessante verificar outras normas que incluem aspectos ambientais e sociais de sustentabilidade que podem ser seguidos pelas empresas. A Portaria nº 317, de 19 de junho de 2012, do INMETRO, dispõe sobre "Requisitos Gerais de Sustentabilidade de Processos Produtivos". O instrumento é de caráter orientativo e de adoção voluntária, e tem por objetivo oferecer uma plataforma contemplando princípios, critérios e indicadores de sustentabilidade, visando a estimular a melhoria do desempenho de processos produtivos quanto aos aspectos ambientais, sociais e econômicos.[98]

Um outro grande avanço foi observado na publicação do novo decreto do pregão eletrônico, ao aplicar o conceito de sustentabilidade

---

[95] BRASIL. Lei nº 10.098, de 19 de dezembro de 2000. Estabelece normas gerais e critérios básicos para a promoção da acessibilidade das pessoas portadoras de deficiência ou com mobilidade reduzida, e dá outras providências. *Diário Oficial da União*, Brasília, DF, 20 dez. 2000. Disponível em: http://www.planalto.gov.br/ccivil_03/leis/l10098.htm. Acesso em 20 set. 2020.

[96] BRASIL. Decreto nº 5.296, de 2 de dezembro de 2004. Regulamenta a Lei nº 10.098, de 19 de dezembro de 2000, que estabelece normas gerais e critérios básicos para a promoção da acessibilidade das pessoas portadoras de deficiência ou com mobilidade reduzida, e dá outras providências. *Diário Oficial da União*, Brasília, 3 dez. 2014. Disponível em: http://www.planalto.gov.br/ccivil_03/_ato2004-2006/2004/decreto/d5296.htm. Acesso em 22 set. 2020.

[97] BRASIL. Lei nº 13.146, de 6 de julho de 2015. Institui a Lei Brasileira de Inclusão da Pessoa com Deficiência (Estatuto da Pessoa com Deficiência). *Diário Oficial da União*, Brasília, DF, 07 jul. 2015. Disponível em: http://www.planalto.gov.br/ccivil_03/_ato2015-2018/2015/lei/l13146.htm. Acesso em 18 abr. 2021.

[98] BRASIL. *Portaria nº 317, de 19 de junho de 2012*. Instituto Nacional de Metrologia, Qualidade e Tecnologia. Dispõe sobre requisitos gerais de sustentabilidade em processos produtivos. Rio de Janeiro, jun. 2012. Disponível em: http://www.inmetro.gov.br/legislacao/rtac/pdf/RTAC001852.pdf. Acesso em 10 mai. 2021.

nas contratações de forma ainda mais ampla. O Decreto nº 10.024, de 20 de setembro de 2019, exige a observância das dimensões ambiental, econômica, social e cultural do desenvolvimento sustentável no processo de contratação, conforme descrito no parágrafo 1º do art. 2º:

> [...] §1º O princípio do desenvolvimento sustentável será observado nas etapas do processo de contratação, em suas dimensões econômica, social, ambiental e cultural, no mínimo, com base nos planos de gestão de logística sustentável dos órgãos e das entidades.[99]

Villac[100] assevera que aspectos ambientais ganharam relevo para além da atuação fiscalizatória e ingressaram na disciplina legal das contratações públicas, assim como os regramentos específicos para as micro e pequenas empresas, a inserção de associações e cooperativas de catadores na gestão dos resíduos recicláveis decorrentes das contratações públicas.

Nesse diapasão, surge a nova Lei de Licitações e Contratos Administrativos, publicada no dia 1º de abril de 2021, que, além de reafirmar o princípio do "desenvolvimento nacional sustentável", trouxe algumas referências relevantes e mais detalhadas nos aspectos sustentáveis para as contratações de obras e fornecimento de bens/serviços pela Administração Pública.[101] Sendo assim, vale detalhar a seguir, os principais pontos da nova Lei de Licitações.

5.2.3 Nova Lei de Licitações e governança

A Lei nº 8.666/1993 possui diversas previsões no tocante ao desenvolvimento nacional sustentável, com sua consideração como um dos objetivos das licitações brasileiras, além de previsões quanto à mão de obra e bens de origem local em obras e serviços de engenharia e orientações quanto ao licenciamento ambiental. Há regramentos supervenientes, como o Decreto nº 10.024/2019 para bens e serviços comuns, além da necessidade de consideração nas contratações públicas brasileiras, de outras leis, como a Política Nacional de Resíduos Sólidos.

---

[99] BRASIL. *Decreto nº 10.024, de 20 de setembro de 2019*. Novo Decreto do Pregão Eletrônico. Disponível em: https://www.gov.br/compras/pt-br/assuntos/novo-pregao-eletronico. Acesso em 16 abr. 2021.

[100] VILLAC, T. *Licitações Sustentáveis no Brasil*. 2. ed. Belo Horizonte: Fórum, 2020.

[101] BRASIL. Lei nº 14.133, de 01 de abril de 2021. Lei de Licitações e Contratos Administrativos. *Diário Oficial da União*, Brasília, DF, 2021. Disponível em: http://www.planalto.gov.br/ccivil_03/_ato2019-2022/2021/lei/L14133.htm. Acesso em 20 abr. 2021.

Com a nova Lei de Licitações, Lei nº 14.133/2021, o desenvolvimento nacional sustentável passou a ser considerado tanto princípio quanto objetivo das contratações, e outra não poderia ter sido a opção do legislador em face de todo o retrospecto legal nacional já existente no tema e os desafios de enfrentamento das mudanças climáticas.

Há previsões legais que já eram anteriormente obrigatórias, como impacto ambiental nos anteprojetos, destinação adequada de resíduos, acessibilidade, além de outros temas que, antes dispostos em normas infralegais, foram inseridos na Lei de Licitações, tal como impacto ambiental nos estudos técnicos preliminares e baixo consumo de energia.

Das inovações, destaca-se a inserção do ciclo de vida do objeto e sua consideração na seleção da proposta mais vantajosa. O incentivo à inovação é relevante por ter sido alçado a um objetivo do processo licitatório, assim como a possibilidade de o edital exigir que percentual de mão de obra seja constituído por mulheres vítimas de violência doméstica, matéria a depender de regulamento, assim como a margem de preferência para bens manufaturados e serviços nacionais que atendam a normas técnicas brasileiras e bens reciclados, recicláveis ou biodegradáveis.

A Lei é extensa e se caracteriza por ter trazido em seu corpo normativo diversas previsões sobre governança das contratações, muitas delas, pelo que se depreende, de iniciativas já existentes em normativos do Ministério da Economia. A questão que se coloca é: estão os municípios brasileiros preparados para a utilização de todo um ferramental de governança das contratações que não é simples e requer uma estrutura logística e humana interna?

Questão decorrente é: o que está sendo feito, além do prazo dilatado de dois anos, para chegar-se aos municípios? Não se desconhece a iniciativa do painel de compras promovida pelo Ministério da Economia, mas será ele suficiente para superar as barreiras de uma governança pública com sustentabilidade em pequenos municípios brasileiros? Além desta ferramenta, quais iniciativas governamentais, de cunho interinstitucional e transversal, estão sendo feitas?

Não são poucas as perguntas e os desafios de suplantar as barreiras para maior disseminação das contratações sustentáveis e, neste sentido, algumas proposições serão apresentadas a seguir. Antes, porém, na seção seguinte, apresentamos uma contextualização do tema e de como tem se posicionado o Tribunal de Contas da União.

5.2.4 Tribunal de Contas da União e contratações sustentáveis em uma perspectiva de governança

Nos trilhos das contratações sustentáveis, vê-se que o Tribunal de Contas da União (TCU) tem evidenciado o tema, cada vez mais, por meio de acórdãos e recomendações, gerando mais segurança aos gestores em suas licitações. Os acórdãos a seguir demonstram essa perspectiva trazida pelo Tribunal nas contratações públicas e aqueles que também relacionam governança com sustentabilidade:[102]

a) Acórdão nº 1052/2011 – TCU Plenário: "[...] ações da Administração Pública Federal no uso racional e sustentável dos recursos naturais";

b) Acórdão nº 1752/2011 – TCU Plenário – Recomendação: "[...] recomendar ao Ministério do Planejamento, Orçamento e Gestão que apresente, em 90 (noventa) dias, um plano de ação visando a orientar e a incentivar todos os órgãos e entidades da Administração Pública federal a adotarem medidas para o aumento da sustentabilidade e eficiência no uso de recursos naturais, em especial energia elétrica, água e papel, considerando a adesão do País aos acordos internacionais: Agenda 21, Convenção-Quadro das Nações Unidas sobre Mudança do Clima e Processo Marrakech, bem como o disposto na Lei nº 12.187, de 29 de dezembro de 2009, na Lei nº 9.433, de 8 de janeiro de 1997, na Lei nº 10.295, de 17 de outubro de 2001, no Decreto nº 5.940, de 25 de outubro de 2006, e na Instrução Normativa SLTI/MP no 1, de 19 de janeiro de 2010".

c) Acórdão nº 4.529/2012 – 1ª Câmara: "[...] capacite membros da equipe de licitação da UJ de forma a permitir a aderência dos editais de licitação à IN SLTI nº 1/2010...";

d) Acórdão nº 8058/2012 – 2ª Câmara: "[...] agregue valores ambientais aos programas internos de capacitação, mobilização e motivação de servidores".

e) Acórdão nº 691/2013 – 2ª Câmara: "[...] adote procedimentos administrativos com vistas a criar grupo de trabalho, com a participação da assessoria jurídica da Unidade, para estudar e propor formas de inserção dos critérios de sustentabilidade ambiental nas futuras aquisições de bens e serviços".

---

[102] BRASIL. Lei nº 14.133, de 01 de abril de 2021. Lei de Licitações e Contratos Administrativos. *Diário Oficial da União*, Brasília, DF, 2021. Disponível em: http://www.planalto.gov.br/ccivil_03/_ato2019-2022/2021/lei/L14133.htm. Acesso em 20 abr. 2021.

f) Acórdão nº 5804/2013 – 2ª Câmara – Recomendação: "[...] ao Órgão que adote critérios de sustentabilidade na aquisição de bens, materiais de tecnologia da informação, bem como na contratação de serviços ou obras";
g) Acórdão nº 5937/2013 – 1ª Câmara – Relatório: "[...] adoção parcial de critérios de sustentabilidade ambiental na aquisição de bens e contratação de serviços e obras";
h) Acórdão nº 1375/2015 – TCU Plenário: Dispõe que é legítimo que as contratações da Administração Pública se adequem a novos parâmetros de sustentabilidade ambiental, ainda que com possíveis reflexos na economicidade da contratação.
i) Acórdão nº 1414/2016 – Plenário: "[...] inclua como obrigação da contratada a adoção de práticas de sustentabilidade na execução dos serviços de limpeza e conservação, à semelhança do contido na IN SLTI/MP 01/2010, art. 6º, e IN SLTI MP nº 2/2008, art. 42, inciso III; 9.1.27. Estabeleça modelos de listas de verificação para atuação da consultoria jurídica na emissão dos pareceres de que trata a Lei nº 8.666/1993, art. 38, parágrafo único, podendo adotar os modelos estabelecidos pela Advocacia-Geral da União".

São diversos os acórdãos do TCU emitidos na última década com orientações e até determinações relacionadas à inclusão de critérios de sustentabilidade nas compras públicas. O Tribunal tem tido um papel de grande relevância no cenário das CPS, cujos acórdãos têm grande potencial para impactar em todo esse processo.[103]

Nesse contexto, cabe a seguinte indagação: qual é o real impacto dos acórdãos do TCU na inclusão de critérios de sustentabilidade nas compras públicas no Brasil? Essa é uma das questões já apontadas pela literatura e merecedora de atenção.

É inexorável que, a partir da análise das políticas e normas apresentadas nesta seção, pode se verificar o avanço considerável no arcabouço jurídico orientado para as contratações sustentáveis no Brasil nos últimos anos. No Quadro 3, a seguir, foram organizadas e consolidadas as principais políticas e normas que consideram a inclusão

---

[103] VILLAC, T. *Licitações Sustentáveis no Brasil*. 2. ed. Belo Horizonte: Fórum, 2020; BRITO, F. Pires. *Contratações Públicas Sustentáveis*: (Re) leitura verde da atuação do estado brasileiro. Rio de Janeiro: Lumen Juris, 2020; SILVA, R. C. *et al*. Sustainable public procurement: the Federal Public Institution's shared system. *REGE Revista de Gestão*, n. 25, v. 1, p. 09-24, 2018. Disponível em: https://www.revistas.usp.br/rege/article/view/144404. Acesso em 10 set. 2019.

de critérios de sustentabilidade ambiental, social e econômicos nas contratações públicas. Em algumas delas estão presentes previsões obrigatórias e, em outras, previsões não obrigatórias, que podem ser consideradas recomendações.

QUADRO 3
Políticas e normas sobre critérios de sustentabilidade nas contratações

(continua)

Política/Norma	Objetivo/Critério de sustentabilidade	Previsões obrigatórias/ não obrigatórias
Lei nº 8.213/1991	Institui cotas para contratação de deficientes por parte das empresas. É obrigação do gestor público cobrar nos editais de licitação.	Obrigatórias (sustentabilidade social)
Lei nº 8.666/1993	Regulamenta o art. 37, inciso XXI, da Constituição Federal, institui normas para licitações e contratos da Administração Pública e dá outras providências.	Obrigatórias (sustentabilidade econômica)
Lei nº 10.098/2000 e Decreto nº 5.296/2004	Incluem critérios de acessibilidade nas contratações de serviços de engenharia e arquitetura, transporte, dentre outros.	Obrigatórias (sustentabilidade social)
Lei nº 12.187/2009	Institui a Política Nacional sobre Mudança de Clima (PNMC) e recomenda a adoção de critérios de preferência nas licitações e concorrências públicas para as propostas que propiciem maior economia de energia, água e outros recursos naturais e redução da emissão de gases de efeito estufa e de resíduos.	Não obrigatórias (sustentabilidade ambiental)
Lei nº 12.349/2010	Inclui como finalidade da licitação a promoção do desenvolvimento nacional sustentável.	Obrigatórias (sustentabilidade ambiental, social e econômica)

(continua)

Política/Norma	Objetivo/Critério de sustentabilidade	Previsões obrigatórias/ não obrigatórias
Lei nº 12.305/2010	Institui a Política Nacional de Resíduos Sólidos (PNRS) e, em seu artigo 7º, inciso XI, destaca como um dos objetivos a prioridade nas aquisições e contratações governamentais de produtos reciclados e recicláveis, assim como de bens, serviços e obras que considerem critérios compatíveis com padrões de consumo social e ambientalmente sustentáveis. Traz a perspectiva da responsabilidade compartilhada e da logística reversa.	Não obrigatórias (sustentabilidade ambiental e social)
Instrução Normativa SLTI/ MPOG nº 01/2010	Dispõe sobre os critérios de sustentabilidade ambiental na aquisição de bens, contratação de serviços ou obras pela Administração Pública Federal direta, autárquica e fundacional e dá outras providências.	Obrigatórias e não obrigatórias (sustentabilidade ambiental, social e econômica)
Instrução Normativa SLTI/ MPOG nº 10/2012	Estabelece regras para elaboração dos Planos de Gestão de Logística Sustentável de que trata o art. 16, do Decreto nº 7.746, de 5 de junho de 2012, e dá outras providências.	Obrigatórias e não obrigatórias (sustentabilidade ambiental, social e econômica)
Decreto nº 7.746/2012	Regulamenta o art. 3º da Lei nº 8.666, de 21 de junho de 1993, para estabelecer critérios e práticas para a promoção do desenvolvimento sustentável nacional nas contratações feitas pela Administração Pública federal direta, autárquica e fundacional e por estatais dependentes, e institui a Comissão Interministerial de Sustentabilidade na Administração Pública (Cisap).	Obrigatórias e não obrigatórias (sustentabilidade ambiental, social e econômica)
Portaria INMETRO nº 317/2012	Dispõe sobre requisitos gerais de sustentabilidade em processos produtivos	Não obrigatórias (sustentabilidade ambiental, social e econômica)

(conclusão)

Política/Norma	Objetivo/Critério de sustentabilidade	Previsões obrigatórias/ não obrigatórias
Leis Complementares nº 123/2006 e nº 147/2014	Estabelecem os critérios de preferência nas licitações, com a valorização das microempresas e empresas de pequeno porte, bem como das do nível local.	Obrigatórias e não obrigatórias (sustentabilidade social e econômica)
Lei nº 13.146/2015	Institui o Estatuto da Pessoa com Deficiência e estabelece diversas medidas de inclusão social, com o estabelecimento da obrigação de conceder preferência nas licitações das empresas que comprovarem o cumprimento da reserva de vagas estabelecida para deficientes.	Obrigatórias (sustentabilidade social)
Decreto nº 10.024/2019	Estabelece regras para o pregão eletrônico e exige, no processo de contratação, a observância das dimensões ambiental, econômica, social e cultural do desenvolvimento sustentável.	Obrigatórias (sustentabilidade ambiental, econômica, social e cultural)
Lei nº 14.133/2021	Lei de Licitações e Contratos Administrativos. Reafirma o princípio do desenvolvimento sustentável, detalha mais elementos relacionados à sustentabilidade na fase de planejamento, bem como estabelece uma espécie de melhor preço sustentável em detrimento do menor preço.	Obrigatórias (sustentabilidade ambiental, econômica, social)
Decreto nº 10.936/2022	Regulamenta a Lei nº 12.305, de 2 de agosto de 2010, que institui a Política Nacional de Resíduos Sólidos.	Obrigatórias (sustentabilidade ambiental, econômica, social)

Fonte: elaborado pelos Autores

Observa-se, portanto, que há um terreno jurídico sólido para realização de compras públicas sustentáveis. Por outro lado, verifica-se o baixo grau de inclusão de critérios de sustentabilidade nas compras públicas no Brasil. Cabe aqui uma reflexão acerca de questões subjacentes ao fenômeno das compras públicas sustentáveis. Por exemplo: os gestores públicos incluem critérios de sustentabilidade por que é uma obrigação trazida pela legislação? As previsões não obrigatórias expressas nas normas relacionadas a contratações sustentáveis incitam a inclusão de critérios de sustentabilidade nos editais?

Uehara[104] entende que as normatizações mandatórias são mais prováveis de serem seguidas que as não obrigatórias, no que diz respeito à inclusão de critérios de sustentabilidade nas licitações. Em sua visão, códigos e leis poderiam prever os pilares da sustentabilidade de forma mais ampla, e o detalhamento de como aplicar o conceito de sustentabilidade nas compras públicas deveria estar presente em normas hierarquicamente inferiores, como decretos, instruções normativas e portarias. De fato, quanto mais inferior a norma, mais fácil de ser alterada. Uma lei, que é superior a um decreto ou portaria, deve ir ao Congresso Nacional para ser alterada.

Observa-se que emergem diversas questões a partir da legislação levantada nesta seção. Vê-se que as políticas e normas aqui apresentadas já expõem diversas possibilidades de aplicação de critérios de sustentabilidade nas compras públicas e convém analisá-los com maior profundidade nas suas dimensões ambiental, econômica e social, dentre outras, o que será explorado na seção seguinte.

5.2.5 Critérios de sustentabilidade

As políticas e normas apresentadas na seção anterior são, de certa forma, promotoras de diversos critérios de sustentabilidade. Tais critérios podem ser provenientes tanto da legislação, de estudos que cada organização faz, chamados de Estudos Técnicos Preliminares,[105] quanto de outros meios, como os conhecidos Guias de Contratações Sustentáveis.

Sendo assim, para fins desta pesquisa, será utilizado como referência principal para apresentação dos diversos tipos de critérios de sustentabilidade, o Guia de Contratações Sustentáveis da Advocacia Geral da União, sem prejuízo da apresentação de critérios provenientes das políticas e normas apresentadas na seção anterior e daqueles extraídos da própria literatura. O conhecimento de tais critérios torna-se

---

[104] UEHARA, T. *Public Procurement for sustainnable development*: a framework for the public sector. Chatan House: Energy, Environment and Resources Programme, nov. 2020.

[105] BRASIL. Advocacia-Geral da União (AGU). Consultoria-Geral da União. *Guia Nacional de Contratações Sustentáveis*. Brasília: AGU, 2020. Disponível em: https://www.gov.br/agu/pt-br/composicao/consultoria-geral-da-uniao-1/modelos-de-convenios-licitacoes-e-contratos/modelos-de-licitacoes-e-contratos/licitacoes-sustentaveis. Acesso em 18 abr. 2021.

relevante para que se tenha a ideia mais clara do que são os chamados "critérios de sustentabilidade nas compras públicas".

O Guia da AGU tornou-se uma referência quanto aos parâmetros, às práticas e aos critérios de sustentabilidade também entre os órgãos de controle. O Tribunal de Contas da União adotou o Guia como referencial de boa prática, afirmando ser este um instrumento capaz de oferecer segurança aos gestores públicos na implementação de práticas socioambientais, ao que foi acolhido pelo Plenário do Tribunal (Acórdão nº 1056/2017). Em outra oportunidade, a Corte de Contas entendeu pela licitude de cláusulas editalícias relativas à habilitação e à certificação dos licitantes, desenhadas com base em recomendações constantes do Guia.[106]

Impende ressaltar que o referido documento passou por diversas edições, e seu resultado é fruto de conhecimento e experiências acumuladas nas licitações brasileiras. Ou seja, o que a AGU propõe são critérios passíveis de serem implantados nas compras públicas no Brasil, o que sugere que há mercado que possa atender à Administração Pública, guardadas as devidas proporções de escala e de riscos naturais inerentes aos certames licitatórios. O Quadro 4, a seguir, demonstra os principais critérios, em suas dimensões social, ambiental e econômica, extraídos do Guia de Contratações da AGU e da legislação vigente mencionada na seção anterior.

---

[106] BRASIL. Advocacia-Geral da União (AGU). Consultoria-Geral da União. *Guia Nacional de Contratações Sustentáveis*. Brasília: AGU, 2020. Disponível em: https://www.gov.br/agu/pt-br/composicao/consultoria-geral-da-uniao-1/modelos-de-convenios-licitacoes-e-contratos/modelos-de-licitacoes-e-contratos/licitacoes-sustentaveis. Acesso em 18 abr. 2021.

QUADRO 4
As diferentes dimensões e os critérios de sustentabilidade

Dimensão	Critério
Ambiental	- Bens reciclados, recicláveis, atóxicos e biodegradáveis - Bens que não contenham substâncias perigosas em concentração acima da recomendada na diretiva RoHS (*Restriction of Certain Hazardous Substances*) - Bens que tenham certificação do Inmetro de menor impacto ambiental (papel Cerflor) - Bens com possibilidade de reuso - Certificações (FSC, Procel) - Uso de embalagens compactas - Destinação adequada de resíduos - Maior eficiência na utilização de recursos naturais como água e energia - Baixo impacto sobre recursos naturais como flora, fauna, ar, solo e água - Cadastro Técnico Federal (CTF) - Utilização de produtos florestais madeireiros e não madeireiros originários de manejo florestal sustentável ou de reflorestamento - Exigência de Plano de Gerenciamento de Resíduos nas contratações de obras - Logística reversa
Econômica	- Melhor preço - Ganho de escala - Preferência às micro e pequenas empresas - Maior vida útil e menor custo de manutenção do bem e da obra - Compras compartilhadas - Metas de racionalização de consumo (papel, energia, água etc.)
Social	- Preferência por mão de obra e indústria locais - Preferência por materiais, tecnologias e matérias-primas de origem local - Preferência por empresas que contratem pessoas com deficiência - Não utilização de trabalho escravo ou infantil - Maior geração de empregos - Adequação às normas de segurança e medicina do trabalho - Cotas de gênero nas contratações - Cotas de raça nas contratações - Cotas de egressos do sistema prisional - Contratação de mulheres vítimas de violência doméstica

Fonte: elaborado pelos Autores.

É importante que a análise dos critérios de sustentabilidade nas compras públicas seja acompanhada do passo a passo da compra pública sustentável. Em outras palavras, de nada adianta conhecer os critérios sem saber como aplicá-los. Nesse sentido, a próxima seção irá descrever o passo a passo das contratações públicas sustentáveis.

5.2.6 Fases para articulação com governança sustentável

A sustentabilidade em uma contratação pública está relacionada à consideração de todo o ciclo da contratação, do planejamento até a gestão adequada dos resíduos, relacionando-a com a gestão pública também sustentável.

Há uma lógica operativa, mas também principiológica, nesta premissa, na medida em que a visão de que há um processo na contratação já é assente na própria Lei nº 8.666/1993, ao estabelecer que os projetos básicos e termos de referência são fundamentais para um eficiente planejamento licitatório, assim como as diversas previsões referentes à fase pública da contratação (divulgação do certame e operacionalização), até a fase de execução do contrato, sua prorrogação, acréscimos, supressões, término de vigência ou rescisão.

O único aspecto, dos mais relevantes, que não foi previsto detalhamento na Lei nº 8666/1993 é a gestão dos resíduos e rejeitos decorrentes das contratações pública. As previsões da Política Nacional de Resíduos Sólidos, acordos setoriais e normas ambientais (CONAMA, IBAMA etc.) deverão ser inseridas nos regramentos licitatórios, termos de referências e contratos.[107]

Em síntese, deverão ser consideradas quatro fases para que uma contratação seja sustentável:

a) planejamento, com foco na avaliação da necessidade da contratação, quantitativos, escolha da especificação técnica, substituição da aquisição pela função serviço, gerenciamento dos riscos também em questões ambientais.

b) editais e documentos anexos, com a previsão de observância da legislação nacional e normativos infralegais que têm por mérito dimensões da sustentabilidade. Para tanto, o Guia da AGU orienta com segurança jurídica essa implementação nos editais. Destaca-se que, nas inexigibilidades e dispensas,

---

[107] VILLAC, T. *Licitações Sustentáveis no Brasil*. 2. ed. Belo Horizonte: Fórum, 2020.

a sustentabilidade também deve ser inserida. As previsões não podem ser genéricas e devem estar adequadas ao objeto contratual, bem como vinculadas às cláusulas que permitam a fiscalização do seu atendimento pelos contratados.

c) execução contratual, com a efetivação prática das contratações sustentáveis, envolvendo os setores nas instituições responsáveis pelo recebimento dos materiais, fiscalização e sanção administrativa pelo descumprimento. Esta fase estende-se para além da contratação e envolve a participação dos servidores públicos em medidas de sustentabilidade mais amplas no ambiente organizacional.

d) gestão de resíduos, que deve ser ambientalmente adequada e originariamente examinada na fase de planejamento contratual.

O contexto atual exige das organizações públicas a adoção de práticas que envolvam a harmonia das três dimensões da sustentabilidade, ancoradas na lógica do *triple botton line*. Faz-se necessário, portanto, que servidores, gestores e tomadores de decisão estejam alinhados com os novos rumos a serem tomados pelos governos, pela sociedade e pelo mercado. A relevância de tal perspectiva já foi mencionada de alguma forma no Relatório *Nosso Futuro Comum*.[108]

Sob essa visão, foram identificados na literatura diversos fatores comportamentais e organizacionais que impactam as decisões relacionadas à inclusão de critérios de sustentabilidade nas compras públicas. Para melhor compreensão desses fatores, é importante destacar que a dimensão ética é um dos elementos principais nas análises relacionadas à aplicação do conceito de sustentabilidade nas compras públicas, o que será abordado na próxima seção.

5.2.7 Dimensão ética

As contratações públicas sustentáveis ostentam, na ética ambiental, o seu fundamento ontológico. O consumo estatal responsável é premissa dos agentes públicos detentores de atribuições e competências relacionadas às aquisições, contratações de serviços e obras públicas, considerando não apenas o zelo para com a gestão do erário, mas tam-

---

[108] ONU. UNITED WORLD. World Commission on Environment and Development. *Our common future*: report of the world commission on environment and development. Oxford: Oxford University, 1987.

bém o fato de que há uma função regulatória nas licitações que não se encerra com o atendimento da sua finalidade imediata.

As relações entre sociedade de consumo e reflexões sobre o tema oriundas de pensadores da ética ambiental[109] devem ser traduzidas em ações práticas nos órgãos públicos brasileiros. Os desafios são grandes, na medida em que a própria consciência social sobre o Antropoceno[110] não é espraiada e há urgência no fortalecimento da governança pública sustentável, relacionando as contratações públicas, a gestão de resíduos e o fomento à inovação por ferramentas que não foquem na excessiva burocratização e apego às formas em detrimento dos valores.

O balizamento principiológico está na Constituição Federal desde o conteúdo, os princípios e objetivos da República Federativa do Brasil, prosseguindo por toda a Carta, garantidora dos direitos, e estabelecendo os deveres estatais.

A concepção doutrinária no campo dos Direitos Constitucional e Administrativo, bem como da Administração Pública, acerca do princípio da eficiência, deve ser ampliada, a fim de que as dimensões da sustentabilidade também sejam consideradas na governança.

A partir e além da análise da dimensão ética das CPS, depreende-se que no plano prático são encontrados diversos tipos de barreiras para efetivação das CPS nas organizações. Conhecer as principais barreiras e relatar alguns casos práticos torna a análise das compras públicas no Brasil mais palpável. Nesse sentido, na seção seguinte serão apresentados tais barreiras, bem como alguns casos práticos no Brasil.

5.3 Barreiras e casos práticos

É desafiador sair do plano mais teórico-conceitual e ir para o nível prático. É no ambiente prático que as maiores dificuldades são encontradas e é onde a pesquisa deve ingressar, também no que diz respeito a compras sustentáveis, com vistas a dar maior sustentação aos achados dos estudos sobre o tema.

Nessa esteira, vê-se que as barreiras aqui identificadas são provenientes da literatura e de casos práticos no Brasil e no mundo. De acordo com a OCDE,[111] a falta de treinamento (dos funcionários que

---

[109] VILLAC, T. *Licitações Sustentáveis no Brasil*. 2. ed. Belo Horizonte: Fórum, 2020.

[110] VEIGA. José Eli da. *O antropoceno e a ciência do sistema Terra*. São Paulo: Editora 34, 2019.

[111] OECD. *Promoting Sustainable Consumption*: Good Pratices in OECD Countries. 2008. Disponível em: www.ecd.org/publishing/corrigenda. Acesso em 20 fev. 2021.

lidam com as compras públicas), de coordenação intergovenamental, de informações (sobre benefícios econômicos que podem ser gerados) e de custos iniciais mais elevados na aquisição de produtos sustentáveis são as principais barreiras para a implementação de aquisições verdes identificadas por governos. Devido às dificuldades metodológicas, são ainda raras as decisões de aquisição que internalizam os custos ambientais para o preço do produto. Outro problema identificado pela OCDE é a falta de produtos e serviços ambientalmente corretos no mercado.

É oportuno salientar que os casos de sucesso em CPS são muito expressivos na esfera internacional. Preuss,[112] por exemplo, pesquisou, por meio da análise de uma série de iniciativas de compras púbicas sustentáveis no nível local, as maneiras utilizadas pelas autoridades governamentais na Inglaterra para, com sua função de compras, promoverem o desenvolvimento sustentável. O estudo destaca a importância dos fatores de apoio, como a transparência, a cultura organizacional e estratégia. Os resultados mostraram que a experiência das melhores práticas por parte das autoridades locais merecia ter mais reconhecimento entre os profissionais, os tomadores de decisão e os pesquisadores acadêmicos.

Preuss e Walker,[113] ao estudarem os fenômenos relacionados às licitações sustentáveis, apontam outros aspectos, como barreiras de ordem psicológica relacionadas à atuação dos tomadores de decisão no que tange ao desenvolvimento sustentável. Tais barreiras apresentam impactos diferenciados, a depender de fatores referentes à estrutura e à cultura organizacional. A partir da análise dessas experiências, cabe aqui a seguinte indagação: até que ponto os achados de tais pesquisas valeriam para o contexto das compras públicas no Brasil?

Há de fato diversas pesquisas publicadas sobre experiências internacionais. Testa *et al.*[114] avaliaram a adoção de contratos públicos sustentáveis em três regiões da Itália. A análise demonstrou que a influência das autoridades públicas e do nível de consciência das ferramentas existentes de compras sustentáveis tem um efeito positivo e significativo sobre a adoção de práticas sustentáveis. Os autores

---

[112] PREUSS, L. Addressing sustainable development through public procurement: the case of local government. *Supply Chain Management – an International Journal*, v. 14, n. 3, p. 213-223, 2009.

[113] PREUSS, L.; WALKER, H. Psychological barriers in the road to sustainable development: evidence from public sector procurement. *Public Administration*, Oxford, v. 89, n. 2, p. 493-521, jun. 2011.

[114] TESTA, F. *et al.* What factors influence the uptake of GPP (green public procurement) practices? *Ecological Economics 82*, p. 88-96, 2012.

defendem que quanto mais capacitados são os gestores, mais propensos eles são a implementarem o que chamam de "compras verdes". O desafio torna-se maior em organizações menores e com pequenas autoridades, que precisam de incentivos e patrocínios para que possam ser habilitados e desenvolvam meios e ferramentas capazes de efetivar as chamadas compras verdes.

Além da observância das experiências internacionais, a análise dos casos práticos no Brasil pode trazer mais sustentação ao processo de identificação das barreiras e dos demais fatores organizacionais e de ordem comportamental existentes nas compras públicas brasileiras.

Em uma breve revisão da literatura, foi oportuno identificar também alguns estudos de casos práticos realizados em universidades públicas brasileiras, em instituições do executivo federal, bem como no Ministério Público da União. Hegenberg[115] desenvolveu uma pesquisa em 59 universidades federais do Brasil e verificou que as compras sustentáveis nessas instituições ainda são incipientes e carecem de políticas. Apesar de a pesquisa ter sido publicada em 2013, identificou-se que as ações foram mais no sentido de atender às políticas e normas nacionais. Também foi possível identificar fatores organizacionais que impactaram no nível de inclusão de critérios de sustentabilidade nas compras, tais como: pouca oferta de bens e serviços sustentáveis no mercado; custos envolvidos na contratação; pouca informação sobre critérios de sustentabilidade; falta de capacitação e treinamento dos envolvidos; e a própria cultura organizacional.

Verificou-se, no entanto, que há pesquisas nacionais que pontuaram fatores organizacionais que geraram impactos positivos no que diz respeito à inclusão de critérios de sustentabilidade nas compras públicas. Foi o caso da pesquisa realizada nas licitações públicas do Governo do Estado de São Paulo. Souza e Olivero[116] realizaram pesquisa exploratória sobre a inclusão de critérios socioambientais nas compras públicas daquele ente federativo. Os resultados do estudo mostraram que o Estado de São Paulo adotou um conjunto de ações que impactaram positivamente na inclusão de critérios de sustentabilidade nas compras públicas, a saber: adoção de normas específicas; criação de comissões

---

[115] HEGENBERG, J. T. *As compras públicas sustentáveis no Brasil*: um estudo nas universidades federais. Dissertação (Mestrado). Universidade Tecnológica Federal do Curitiba, Paraná, 2013.

[116] SOUZA, M. T. S.; OLIVERO, S. M. Compras Públicas Sustentáveis: um estudo da incorporação de critérios socioambientais nas licitações do governo do Estado de São Paulo. *In: ANPAD, XXXIV ENANPAD*, Rio de Janeiro: Anais, 2010.

técnicas; promoção de capacitações para os envolvidos com o tema; elaboração de cadernos técnicos de serviços terceirizados; e catálogo de materiais com especificações sustentáveis.

Há outras pesquisas realizadas com resultados positivos sobre casos práticos de compras compartilhadas sustentáveis no Brasil que, além de descreverem fatores organizacionais que impactam nessas aquisições, evidenciam a relevância dos fatores comportamentais nos processos decisórios relacionados à inclusão de critérios de sustentabilidade. A primeira delas, premiada no Concurso Inovação da Gestão Pública da Escola Nacional de Administração Pública (Enap), é a experiência da compra compartilhada sustentável gerenciada pelo Instituto de Pesquisas Jardim Botânico do Rio de Janeiro, cuja proposta foi levada pelo então diretor de Gestão do Instituto ao Fórum de Lideranças Executivas de Órgãos Federais do Rio de Janeiro (GesRio). Participaram instituições como: Fundação Oswaldo Cruz (Fiocruz); Instituto Nacional da Propriedade Industrial (Inpi); Ministério da Fazenda/Receita Federal; Receita Federal de Macaé (RJ); Ministério da Educação, por meio da Universidade Federal de Pernambuco (UFPE); Ministério da Agricultura; e Ministério do Meio Ambiente. A motivação e atuação alinhada entre gestores e equipes foram fatores diferenciais na iniciativa.[117]

A lista, formada por 100% de materiais sustentáveis de expediente, totalizou 48 itens. Silva e Barki[118] afirmam que o projeto alcançou resultados favoráveis à adesão de uma cultura voltada à adoção de critérios de sustentabilidade nas compras públicas. O resultado foi uma economia de 49,89% em relação ao valor estimado, o que demonstra ter sido possível realizar uma compra ambientalmente correta e economicamente eficiente, por preços iguais ou até menores que os convencionais, como foi o caso da aquisição de papel, envelope e etiquetas de papel reciclado. A questão social foi atendida na medida em que as empresas que são habilitadas no processo licitatório atendem à legislação trabalhista, ao mesmo tempo em que a padronização e a melhoria da qualidade dos produtos acarretam ganhos sociais corporativos. Ademais, a compra de produtos com material reciclado tem importância social, uma vez que evita o aumento de descarte em lixões.

---

[117] SILVA, R. C.; BARKI, T. V. P. Compras públicas compartilhadas: a prática das licitações sustentáveis. *Revista do Serviço Público*, Brasília, v. 63, n. 2, p. 157-169, abr./jun. 2012.

[118] SILVA, R. C.; BARKI, T. V. P. Compras públicas compartilhadas: a prática das licitações sustentáveis. *Revista do Serviço Público*, Brasília, v. 63, n. 2, p. 157-169, abr./jun. 2012.

A despeito das dificuldades relacionadas à pesquisa de mercado, que foi realizada num contexto de mercado incipiente de produtos sustentáveis, a motivação das equipes em cadastrar novos produtos no sistema contribuiu significativamente para o sucesso da compra. Todavia, restou demonstrado que o mercado ainda não estava preparado suficientemente para atender às demandas, tendo em vista que foram adquiridos apenas 45,86% dos produtos da lista.[119]

Outra experiência foi a compra compartilhada de material de expediente do Ministério Público Federal (MPF), que se diferencia da anterior por ser realizada dentro de uma única instituição com 32 unidades administrativas distribuídas em todo o Brasil. A compra foi gerenciada pela Secretaria de Administração (SA), unidade vinculada à Procuradoria Geral da República (PGR). A implantação de um sistema de compras compartilhadas sustentáveis começou a ser materializada no segundo semestre de 2014, quando a SA criou uma coordenação específica, chamada de Coordenadoria de Contratações Nacionais Estratégicas, uma nova unidade em sua estrutura organizacional, cujas atribuições são a realização de compras compartilhadas com base em critérios de sustentabilidade, em conjunto com todas as unidades do MPF, padronizando as aquisições de bens e serviços, buscando proporcionar maior economia e qualidade nas contratações, baseado num planejamento prévio às aquisições.[120]

Destaca-se que a gestão participativa, a motivação dos gestores e das equipes e a capacitação dos envolvidos com o tema são fatores relevantes para o sucesso do projeto. De acordo com Silva,[121] as compras eram feitas por meio do Grupo Técnico de Compras Compartilhadas (GTCC), formado por todos os secretários estaduais ou regionais e pelos coordenadores de administração das unidades. A proposta da compra compartilhada de material de expediente com critérios de sustentabilidade foi apresentada em encontro presencial com as unidades, ocasião em que também foi feita uma capacitação para os gestores, com

---

[119] SILVA, R. C.; BARKI, T. V. P. Compras públicas compartilhadas: a prática das licitações sustentáveis. *Revista do Serviço Público*, Brasília, v. 63, n. 2, p. 157-169, abr./jun. 2012.
[120] SILVA, R. C. *Compras compartilhadas sustentáveis*: uma experiência compartilhada. Rio de Janeiro: Prêmio Ministro Gama Filho do Tribunal de Contas do Estado do Rio de Janeiro, 2016. Disponível em: https://www.tce.rj.gov.br/web/ecg/premio-ministro-gama-filho-20161. Acesso em 13 set. 2019.
[121] SILVA, R. C. *Compras compartilhadas sustentáveis*: uma experiência compartilhada. Rio de Janeiro: Prêmio Ministro Gama Filho do Tribunal de Contas do Estado do Rio de Janeiro, 2016. Disponível em: https://www.tce.rj.gov.br/web/ecg/premio-ministro-gama-filho-20161. Acesso em 13 set. 2019.

palestrantes do TCU e do então Ministério do Planejamento, Orçamento e Gestão (MPOG). No mesmo encontro foram distribuídas tarefas entre diversas unidades, que voluntariamente se ofereceram para contribuir para o processo da contratação.

No caso dessa compra compartilhada, a lista não foi composta apenas por itens sustentáveis, uma vez que havia alguns outros impossíveis de incluir em tal critério. Eram 347 itens sustentáveis,[122] divididos entre as cinco regiões, o que representava 43,76% dos artigos da lista. Desses, foram homologados 61,96%, sendo 38,04% desertos ou fracassados.[123] Tais valores já demonstram que o mercado responde às demandas de produtos sustentáveis com alguma melhora progressiva em relação à anterior.

Ademais, cumpre frisar que, ao se comparar o valor estimado da licitação, baseado na pesquisa de mercado, e o valor efetivamente homologado, observou-se uma economia de R$384.605,84 de um total de R$4.370.746,30, o que gerou uma economia de 8,80%.

Uma forma de comprovar com maior acurácia esse ganho em uma compra compartilhada é fazer a análise comparativa entre a última aquisição e a atual. De acordo com a SA do MPF, foi calculada economia real de outras cinco contratações compartilhadas de diferentes objetos, o que gerou uma economia de 11,76% em relação ao valor da última aquisição, corrigido pelo IGP-M dos últimos 12 meses. Tais resultados demonstram claramente o ganho de escala obtido por meio das chamadas *compras compartilhadas*.[124]

Apesar dos resultados positivos alcançados pelas experiências apresentadas neste estudo, burocratas, gestores e tomadores de decisão enfrentam diversas barreiras no processo de implantação da CPS. Nota-se que, para melhor compreensão do estado da arte das compras sustentáveis no Brasil, é mister analisar as experiências nacionais e, sobretudo, a opinião de quem lida na prática com o tema.

---

[122] O número de itens sustentáveis chegou a 347, por ter sido replicado em cada região. Se fosse em uma região específica, deveria se chegar à média de 69 a 70 itens.

[123] SILVA, R. C. *Compras compartilhadas sustentáveis*: uma experiência compartilhada. Rio de Janeiro: Prêmio Ministro Gama Filho do Tribunal de Contas do Estado do Rio de Janeiro, 2016. Disponível em: https://www.tce.rj.gov.br/web/ecg/premio-ministro-gama-filho-20161. Acesso em 13 set. 2019.

[124] SILVA, R. C. *Compras compartilhadas sustentáveis*: uma experiência compartilhada. Rio de Janeiro: Prêmio Ministro Gama Filho do Tribunal de Contas do Estado do Rio de Janeiro, 2016. Disponível em: https://www.tce.rj.gov.br/web/ecg/premio-ministro-gama-filho-20161. Acesso em 13 set. 2019.

Nesse sentido, Couto e Ribeiro[125] destacaram, ao pesquisarem sobre a opinião dos especialistas, diversas barreiras na implantação das compras públicas sustentáveis, tais como: falta de capacitação dos servidores envolvidos; cultura organizacional; complexidade das decisões; ausência de catálogos de materiais e/ou serviços com critérios específicos para a escolha de itens sustentáveis; ausência de informações confiáveis sobre os impactos ambientais de produtos e serviços; e insegurança jurídica. O que mais chamou a atenção nos achados dos autores foi a necessidade de análises e ações ligadas à criação de instrumentos capazes de trazer informação aos gestores de compras. A posição majoritária dos especialistas é a de que já existem informações suficientes, mas há falta de interesse e capacidade para a sua correta utilização.

Insta ressaltar que há ainda outros estudos sobre barreiras identificadas nas compras públicas sustentáveis no Brasil. Delmonico et al.,[126] com base nos resultados de uma pesquisa realizada com gerentes de programa governamental, agruparam as barreiras de compras sustentáveis em cinco categorias: cultura organizacional; motivação; incerteza econômica; mercado e operações. Para cada categoria, há um conjunto de fatores organizacionais considerados como barreiras pelos autores e que impactam nos processos das compras sustentáveis no país. O Quadro 5, a seguir, ilustra as categorias com suas respectivas variáveis (barreiras):

---

[125] COUTO, H.; RIBEIRO, F. Objetivos e Desafios da Política de Compras Sustentáveis no Brasil: a opinião dos especialistas. *Rev. Adm. Pública*, Rio de Janeiro, n. 50, v. 2, mar./abr. 2016.

[126] DELMONICO, D. et al. Unveiling barriers to sustainable public procurement in emerging economies: Evidence from a leading sustainable supply chain initiative in Latin America. *Resources, Conservation e Recycling*, v. 134, p. 70-79, 2018.

QUADRO 5
As cinco categorias de barreiras de compras sustentáveis

Categorias	Barreiras
Cultura organizacional	- Falta de conhecimento dos empregados sobre compras públicas sustentáveis - Falta de recursos e estrutura organizacional para tornar viável as CPS - Desarticulação entre diferentes esferas no setor público no planejamento, organização, direção e controle das CPS - Existência de conflitos entre as prioridades da licitação (menor preço x qualidade x sustentabilidade) - Falta de cultura e atitude organizacional para patrocinar e fortalecer as compras sustentáveis - Falta de visão de longo prazo na organização - Falta de patrocínio da alta administração, planejamento, organização, direção e controle das CPS
Motivação	- Percepção de que itens sustentáveis são associados à baixa qualidade (ex.: papel reciclado, reuso) - Falta de políticas governamentais de incentivo às CPS - Falta de guias com especificações de como adotar e manter as CPS - Falta de incentivo e pressões para adotar as CPS
Incerteza econômica	- Alto custo/preço para aquisição dos produtos sustentáveis - Falta de recursos orçamentários e financeiros para tornar as CPS viáveis - Percepção de que as compras sustentáveis envolvem altos custos e preços - Instabilidade governamental decorrente de ciclos políticos que podem interromper processos de CPS - Percepção de que investir em compras verdes pode ameaçar a competição com outros projetos sociais
Mercado	- Falta de conhecimento do mercado e dos fornecedores - Falta de diversidade de produtos sustentáveis no mercado
Operações	- Falta de tempo decorrente de pressões geradas para execução de outros projetos - Falta de treinamento em gestão de contratos que envolvam critérios de sustentabilidade

Fonte: Delmonico *et al.*[127] (Traduzido pelos Autores).

---

[127] DELMONICO, D. *et al.* Unveiling barriers to sustainable public procurement in emerging economies: Evidence from a leading sustainable supply chain initiative in Latin America. *Resources, Conservation e Recycling*, v. 134, p. 70-79, 2018.

Nota-se, a partir da literatura e das experiências aqui analisadas, que há diversos fatores e variáveis que são merecedores de atenção por parte do pesquisador. A literatura, com suas respectivas evidências empíricas, demonstra fatores que podem ser classificados como organizacionais e comportamentais, visto que há variáveis referentes a barreiras organizacionais, a mercado e a políticas e normas que residem na dimensão organizacional. Por outro lado, coexistem variáveis relacionadas a vieses e heurísticas aplicadas ao afeto/emoção e à motivação, que se encontram na dimensão comportamental.

Face ao exposto, deve-se analisar os fatores organizacionais e comportamentais presentes nas decisões relacionadas à inclusão de critérios de sustentabilidade nas compras do setor público brasileiro. Sendo assim, as próximas seções abordarão tais fatores e suas respectivas questões, que podem ser exploradas em pesquisas acadêmicas.

5.4 Fatores organizacionais

Os fatores organizacionais compreendem o conjunto de variáveis observáveis que influenciam nos processos decisórios relacionados à inserção de critérios de sustentabilidade nas compras públicas. Tais variáveis são abordadas na literatura com considerável robustez teórica, ambiente em que podem emergir ainda questões de pesquisa futuras com relevante potencial para contribuições práticas e teóricas.

Nesse sentido, a partir da revisão da literatura, foi possível identificar variáveis que influenciam diretamente as compras públicas sustentáveis. Sendo assim, nesta publicação, optou-se por dividir tais variáveis em três categorias de fatores organizacionais: barreiras organizacionais; políticas e normas e mercado. No que diz respeito, às barreiras organizacionais, foram identificadas variáveis merecedoras de destaque e relevantes no que toca ao impacto nas decisões de CPS, tais como: cultura organizacional;[128] alto custo das CPS x limitação

---

[128] PREUSS, L. Addressing sustainable development through public procurement: the case of local government. *Supply Chain Management – an International Journal*, v. 14, n. 3, p. 213-223, 2009; PREUSS, L.; WALKER, H. Psychological barriers in the road to sustainable development: evidence from public sector procurement. *Public Administration*, Oxford, v. 89, n. 2, p. 493-521, jun. 2011; HEGENBERG, J. T. *As compras públicas sustentáveis no Brasil*: um estudo nas universidades federais. Dissertação (Mestrado). Universidade Tecnológica Federal do Curitiba, Paraná, 2013; DELMONICO, D. *et al*. Unveiling barriers to sustainable public procurement in emerging economies: Evidence from a leading sustainable supply chain initiative in Latin America. *Resources, Conservation e Recycling*, v. 134, p. 70-79, 2018; SILVA, R. C.; BARKI, T. V. P. Compras públicas compartilhadas: a prática das licitações sustentáveis. *Revista do Serviço Público*, Brasília, v. 63, n. 2, p. 157-169, abr./jun. 2012;

orçamentária;[129] ausência de informações confiáveis sobre as vantagens de incluir critérios de sustentabilidade nas compras[130] e necessidade de treinamento e capacitação dos envolvidos com os processos de compras.[131]

No que se refere às políticas e normas, foram identificadas variáveis que poderiam, em princípio, ter maior grau de influência na realização das CPS, tais como: necessidade de maior apoio/patrocínio político da Alta Administração,[132] necessidade da existência de normas

---

BETIOL, L. S. et al. *Compra sustentável*: a força do consumo público e empresarial para uma economia verde e inclusiva. 1. ed. São Paulo: GVCES, 2012. Disponível em: http://www.gvces.com.br/arquivos/130/CompraSust_web_dupla.pdf. Acesso em 20 mar. 2021; COUTO, H.; RIBEIRO, F. Objetivos e Desafios da Política de Compras Sustentáveis no Brasil: a opinião dos especialistas. *Rev. Adm. Pública*, Rio de Janeiro, n. 50, v. 2, mar./abr. 2016.

[129] OECD. *Promoting Sustainable Consumption*: Good Pratices in OECD Countries. 2008. Disponível em: www.ecd.org/publishing/corrigenda. Acesso em 20 fev. 2021; HEGENBERG, J. T. *As compras públicas sustentáveis no Brasil*: um estudo nas universidades federais. Dissertação (Mestrado). Universidade Tecnológica Federal do Curitiba, Paraná, 2013; SILVA, R. C.; BARKI, T. V. P. Compras públicas compartilhadas: a prática das licitações sustentáveis. *Revista do Serviço Público*, Brasília, v. 63, n. 2, p. 157-169, abr./jun. 2012.

[130] OECD. *Promoting Sustainable Consumption*: Good Pratices in OECD Countries. 2008. Disponível em: www.ecd.org/publishing/corrigenda. Acesso em 20 fev. 2021; COUTO, H.; RIBEIRO, F. Objetivos e Desafios da Política de Compras Sustentáveis no Brasil: a opinião dos especialistas. *Rev. Adm. Pública*, Rio de Janeiro, n. 50, v. 2, mar./abr. 2016; HEGENBERG, J. T. *As compras públicas sustentáveis no Brasil*: um estudo nas universidades federais. Dissertação (Mestrado). Universidade Tecnológica Federal do Curitiba, Paraná, 2013; SILVA, R. C. et al. Sustainable public procurement: the Federal Public Institution's shared system. *REGE Revista de Gestão*, n. 25, v. 1, p. 09-24, 2018. Disponível em: https://www.revistas.usp.br/rege/article/view/144404. Acesso em 10 set. 2019.

[131] GRANDIA, J. Examining the mediating role of sustainable public procurement behaviour. *Journal of Cleaner Production*, n. 124, fev. 2016; SOUZA, M. T. S.; OLIVERO, S. M. Compras Públicas Sustentáveis: um estudo da incorporação de critérios socioambientais nas licitações do governo do Estado de São Paulo. *In*: ANPAD, XXXIV ENANPAD, Rio de Janeiro: Anais, 2010; TESTA, F. et al. What factors influence the uptake of GPP (green public procurement) practices? *Ecological Economics 82*, p. 88-96, 2012; HEGENBERG, J. T. *As compras públicas sustentáveis no Brasil*: um estudo nas universidades federais. Dissertação (Mestrado). Universidade Tecnológica Federal do Curitiba, Paraná, 2013; DELMONICO, D. et al. Unveiling barriers to sustainable public procurement in emerging economies: Evidence from a leading sustainable supply chain initiative in Latin America. *Resources, Conservation e Recycling*, v. 134, p. 70-79, 2018; SILVA, R. C.; BARKI, T. V. P. Compras públicas compartilhadas: a prática das licitações sustentáveis. *Revista do Serviço Público*, Brasília, v. 63, n. 2, p. 157-169, abr./jun. 2012; BETIOL, L. S. et al. *Compra sustentável*: a força do consumo público e empresarial para uma economia verde e inclusiva. 1. ed. São Paulo: GVCES, 2012. Disponível em: http://www.gvces.com.br/arquivos/130/CompraSust_web_dupla.pdf. Acesso em 20 mar. 2021; COUTO, H.; RIBEIRO, F. Objetivos e Desafios da Política de Compras Sustentáveis no Brasil: a opinião dos especialistas. *Rev. Adm. Pública*, Rio de Janeiro, n. 50, v. 2, mar./abr. 2016; OECD. *Promoting Sustainable Consumption*: Good Pratices in OECD Countries. 2008. Disponível em: www.ecd.org/publishing/corrigenda. Acesso em 20 fev. 2021.

[132] PREUSS, L. Addressing sustainable development through public procurement: the case of local government. *Supply Chain Management – an International Journal*, v. 14, n. 3, p. 213-223, 2009;

que sejam mais mandatórias para realização das contratações sustentáveis[133] e atuação dos órgãos de controle.[134]

Por fim, foram identificadas variáveis relacionadas a mercado, que têm potencial considerável para influenciar na realização das CPS, tais como: mercado de produtos e serviços sustentáveis ainda incipiente;[135]

TESTA, F. *et al*. What factors influence the uptake of GPP (green public procurement) practices? *Ecological Economics 82*, p. 88-96, 2012; DELMONICO, D. *et al*. Unveiling barriers to sustainable public procurement in emerging economies: Evidence from a leading sustainable supply chain initiative in Latin America. *Resources, Conservation e Recycling*, v. 134, p. 70-79, 2018; SILVA, R. C. *et al*. Sustainable public procurement: the Federal Public Institution's shared system. *REGE Revista de Gestão*, n. 25, v. 1, p. 09-24, 2018. Disponível em: https://www.revistas.usp.br/rege/article/view/144404. Acesso em 10 set. 2019; UEHARA, T. *Public Procurement for sustainnable development*: a framework for the public sector. Chatan House: Energy, Environment and Resources Programme, nov. 2020.

[133] VILLAC, T. *Licitações Sustentáveis no Brasil*. 2. ed. Belo Horizonte: Fórum, 2020; UEHARA, T. *Public Procurement for sustainnable development*: a framework for the public sector. Chatan House: Energy, Environment and Resources Programme, nov. 2020; DELMONICO, D. *et al*. Unveiling barriers to sustainable public procurement in emerging economies: Evidence from a leading sustainable supply chain initiative in Latin America. *Resources, Conservation e Recycling*, v. 134, p. 70-79, 2018; SOUZA, M. T. S.; OLIVERO, S. M. Compras Públicas Sustentáveis: um estudo da incorporação de critérios socioambientais nas licitações do governo do Estado de São Paulo. In: *ANPAD, XXXIV ENANPAD*, Rio de Janeiro: Anais, 2010.

[134] BRITO, F. Pires. *Contratações Públicas Sustentáveis*: (Re) leitura verde da atuação do estado brasileiro. Rio de Janeiro: Lumen Juris, 2020; VILLAC, T. *Licitações Sustentáveis no Brasil*. 2. ed. Belo Horizonte: Fórum, 2020; SILVA, R. C. *et al*. Sustainable public procurement: the Federal Public Institution's shared system. *REGE Revista de Gestão*, n. 25, v. 1, p. 09-24, 2018. Disponível em: https://www.revistas.usp.br/rege/article/view/144404. Acesso em 10 set. 2019.

[135] OECD. *Promoting Sustainable Consumption*: Good Pratices in OECD Countries. 2008. Disponível em: www.ecd.org/publishing/corrigenda. Acesso em 20 fev. 2021; HEGENBERG, J. T. *As compras públicas sustentáveis no Brasil*: um estudo nas universidades federais. Dissertação (Mestrado). Universidade Tecnológica Federal do Curitiba, Paraná, 2013; DELMONICO, D. *et al*. Unveiling barriers to sustainable public procurement in emerging economies: Evidence from a leading sustainable supply chain initiative in Latin America. *Resources, Conservation e Recycling*, v. 134, p. 70-79, 2018; SILVA, R. C.; BARKI, T. V. V. P. Compras públicas compartilhadas: a prática das licitações sustentáveis. *Revista do Serviço Público*, Brasília, v. 63, n. 2, p. 157-169, abr./jun. 2012; BETIOL, L. S. *et al*. *Compra sustentável*: a força do consumo público e empresarial para uma economia verde e inclusiva. 1. ed. São Paulo: GVCES, 2012. Disponível em: http://www.gvces.com.br/arquivos/130/CompraSust_web_dupla.pdf. Acesso em 20 mar. 2021; SILVA, R. C. *et al*. Sustainable public procurement: the Federal Public Institution's shared system. *REGE Revista de Gestão*, n. 25, v. 1, p. 09-24, 2018. Disponível em: https://www.revistas.usp.br/rege/article/view/144404. Acesso em 10 set. 2019; GRANDIA, J. Examining the mediating role of sustainable public procurement behaviour. *Journal of Cleaner Production*, n. 124, fev. 2016.

necessidade de obter o equilíbrio entre preço x competitividade x menor impacto ambiental[136] e falta de conhecimento do mercado e de potenciais fornecedores.[137]

Observa-se, diante do exposto, que a revisão da literatura permitiu identificar um conjunto denso de fatores organizacionais. Dentre esses, verificou-se que a cultura organizacional é um aspecto de destaque, mencionado por diversos autores, e que impacta a realização das compras públicas sustentáveis.

Em apertada síntese, vê-se que, a partir dos fatores organizacionais selecionados, surgiram questões adjacentes que podem ou não ser aplicadas em cada contexto específico, podendo ser exploradas no âmbito acadêmico e corporativo. Logo, o Quadro 6, a seguir, reúne todas essas informações sistematizadas e consolidadas, para melhor compreensão do fenômeno estudado.

---

[136] BRASIL. Advocacia-Geral da União (AGU). Consultoria-Geral da União. *Guia Nacional de Contratações Sustentáveis*. Brasília: AGU, 2020. Disponível em: https://www.gov.br/agu/pt-br/composicao/consultoria-geral-da-uniao-1/modelos-de-convenios-licitacoes-e-contratos/modelos-de-licitacoes-e-contratos/licitacoes-sustentaveis. Acesso em 18 abr. 2021; COUTO, H.; RIBEIRO, F. Objetivos e Desafios da Política de Compras Sustentáveis no Brasil: a opinião dos especialistas. *Rev. Adm. Pública*, Rio de Janeiro, n. 50, v. 2, mar./abr. 2016; DELMONICO, D. *et al*. Unveiling barriers to sustainable public procurement in emerging economies: Evidence from a leading sustainable supply chain initiative in Latin America. *Resources, Conservation e Recycling*, v. 134, p. 70-79, 2018.

[137] DELMONICO, D. *et al*. Unveiling barriers to sustainable public procurement in emerging economies: Evidence from a leading sustainable supply chain initiative in Latin America. *Resources, Conservation e Recycling*, v. 134, p. 70-79, 2018; SILVA, R. C.; BARKI, T. V. P. Compras públicas compartilhadas: a prática das licitações sustentáveis. *Revista do Serviço Público*, Brasília, v. 63, n. 2, p. 157-169, abr./jun. 2012; BETIOL, L. S. *et al. Compra sustentável*: a força do consumo público e empresarial para uma economia verde e inclusiva. 1. ed. São Paulo: GVCES, 2012. Disponível em: http://www.gvces.com.br/arquivos/130/CompraSust_web_dupla.pdf. Acesso em 20 mar. 2021; SILVA, R. C. *et al*. Sustainable public procurement: the Federal Public Institution's shared system. *REGE Revista de Gestão*, n. 25, v. 1, p. 09-24, 2018. Disponível em: https://www.revistas.usp.br/rege/article/view/144404. Acesso em 10 set. 2019.

QUADRO 6
Fatores organizacionais e questões adjacentes

(continua)

Categorias	Fatores organizacionais	Revisão da literatura	Questões adjacentes
Barreiras organizacionais	• Alto custo das CPS x Limitações orçamentárias	OECD, 2008; HEGEMBERG, 2013; SILVA & BARKI, 2012[138]	• O alto custo dos bens e serviços sustentáveis aliado à limitação orçamentária reduz as chances de a instituição realizar as CPS?
	• Ausência de informações confiáveis	OECD, 2008; COUTO e RIBEIRO, 2016; HEGEMBERG, 2013; SILVA et al., 2018[139]	• A ausência de informações confiáveis sobre as vantagens de se incluir critérios de sustentabilidade nas compras públicas inviabilizam as CPS?
	• Falta de treinamento e capacitação dos envolvidos	GRANDIA, 2016; SOUZA & OLIVEIRO, 2010; TESTA et al., 2012; HEGENBERG, 2013;	• A falta de treinamento e de capacitação dos servidores em compras públicas sustentáveis inibe a inclusão de critérios de sustentabilidade nas compras?

---

[138] OECD. *Promoting Sustainable Consumption*: Good Pratices in OECD Countries. 2008. Disponível em: www.ecd.org/publishing/corrigenda. Acesso em 20 fev. 2021; HEGENBERG, J. T. *As compras públicas sustentáveis no Brasil*: um estudo nas universidades federais. Dissertação (Mestrado). Universidade Tecnológica Federal do Curitiba, Paraná, 2013; SILVA, R. C.; BARKI, T. V. P. Compras públicas compartilhadas: a prática das licitações sustentáveis. *Revista do Serviço Público*, Brasília, v. 63, n. 2, p. 157-169, abr./jun. 2012.

[139] OECD. *Promoting Sustainable Consumption*: Good Pratices in OECD Countries. 2008. Disponível em: www.ecd.org/publishing/corrigenda. Acesso em 20 fev. 2021; COUTO, H.; RIBEIRO, F. Objetivos e Desafios da Política de Compras Sustentáveis no Brasil: a opinião dos especialistas. *Rev. Adm. Pública*, Rio de Janeiro, n. 50, v. 2, mar./abr. 2016; HEGENBERG, J. T. *As compras públicas sustentáveis no Brasil*: um estudo nas universidades federais. Dissertação (Mestrado). Universidade Tecnológica Federal do Curitiba, Paraná, 2013; SILVA, R. C. et al. Sustainable public procurement: the Federal Public Institution's shared system. *REGE Revista de Gestão*, n. 25, v. 1, p. 09-24, 2018. Disponível em: https://www.revistas.usp.br/rege/article/view/144404. Acesso em 10 set. 2019.

(continua)

Categorias	Fatores organizacionais	Revisão da literatura	Questões adjacentes
Barreiras organizacionais	• Falta de treinamento e capacitação dos envolvidos	DELMONICO et al., 2018; SILVA e BARKI, 2012; BETIOL et al., 2012; COUTO e RIBEIRO, 2016; OECD, 2018[140]	• A falta de treinamento e de capacitação dos servidores em compras públicas sustentáveis inibe a inclusão de critérios de sustentabilidade nas compras?

---

[140] GRANDIA, J. Examining the mediating role of sustainable public procurement behaviour. *Journal of Cleaner Production*, n. 124, fev. 2016; SOUZA, M. T. S.; OLIVERO, S. M. Compras Públicas Sustentáveis: um estudo da incorporação de critérios socioambientais nas licitações do governo do Estado de São Paulo. In: ANPAD, XXXIV ENANPAD, Rio de Janeiro: Anais, 2010; TESTA, F. et al. What factors influence the uptake of GPP (green public procurement) practices? *Ecological Economics 82*, p. 88-96, 2012; HEGENBERG, J. T. *As compras públicas sustentáveis no Brasil*: um estudo nas universidades federais. Dissertação (Mestrado). Universidade Tecnológica Federal do Curitiba, Paraná, 2013; DELMONICO, D. et al. Unveiling barriers to sustainable public procurement in emerging economies: Evidence from a leading sustainable supply chain initiative in Latin America. *Resources, Conservation e Recycling*, v. 134, p. 70-79, 2018; SILVA, R. C.; BARKI, T. V. P. Compras públicas compartilhadas: a prática das licitações sustentáveis. *Revista do Serviço Público*, Brasília, v. 63, n. 2, p. 157-169, abr./jun. 2012; BETIOL, L. S. et al. *Compra sustentável*: a força do consumo público e empresarial para uma economia verde e inclusiva. 1. ed. São Paulo: GVCES, 2012. Disponível em: http://www.gvces.com.br/arquivos/130/CompraSust_web_dupla.pdf. Acesso em 20 mar. 2021; COUTO, H.; RIBEIRO, F. Objetivos e Desafios da Política de Compras Sustentáveis no Brasil: a opinião dos especialistas. *Rev. Adm. Pública*, Rio de Janeiro, n. 50, v. 2, mar./abr. 2016; OECD. *Promoting Sustainable Consumption*: Good Pratices in OECD Countries. 2008. Disponível em: www.ecd.org/publishing/corrigenda. Acesso em 20 fev. 2021.

(continua)

Categorias	Fatores organizacionais	Revisão da literatura	Questões adjacentes
Políticas e normas	• Falta de apoio/ patrocínio da alta administração	PREUSS, 2009; TESTA et al., 2012; DELMONICO et al., 2018; SILVA et al., 2018; UEHARA, 2020[141]	• A falta de apoio/ patrocínio da Alta Administração reduz a realização das CPS?
	• Poucas políticas e normas mandatórias	VILLAC, 2020; UEHARA, 2020; DELMONICO et al., 2018; SOUZA & OLIVEIRO, 2010[142]	• A carência de políticas e normas obrigatórias inviabiliza a realização das CPS?
	• Atuação dos órgãos de controle	BRITO, 2020; VILLAC, 2020; SILVA et al., 2018[143]	• Os órgãos de controle contribuem para o aumento do grau de inclusão de critérios de sustentabilidade na instituição?

---

[141] PREUSS, L. Addressing sustainable development through public procurement: the case of local government. *Supply Chain Management – an International Journal*, v. 14, n. 3, p. 213-223, 2009; TESTA, F. et al. What factors influence the uptake of GPP (green public procurement) practices? *Ecological Economics 82*, p. 88-96, 2012; DELMONICO, D. et al. Unveiling barriers to sustainable public procurement in emerging economies: Evidence from a leading sustainable supply chain initiative in Latin America. *Resources, Conservation e Recycling*, v. 134, p. 70-79, 2018; SILVA, R. C. et al. Sustainable public procurement: the Federal Public Institution's shared system. *REGE Revista de Gestão*, n. 25, v. 1, p. 09-24, 2018. Disponível em: https://www.revistas.usp.br/rege/article/view/144404. Acesso em 10 set. 2019; UEHARA, T. *Public Procurement for sustainable development*: a framework for the public sector. Chatan House: Energy, Environment and Resources Programme, nov. 2020.

[142] VILLAC, T. *Licitações Sustentáveis no Brasil*. 2. ed. Belo Horizonte: Fórum, 2020; UEHARA, T. *Public Procurement for sustainnable development*: a framework for the public sector. Chatan House: Energy, Environment and Resources Programme, nov. 2020; DELMONICO, D. et al. Unveiling barriers to sustainable public procurement in emerging economies: Evidence from a leading sustainable supply chain initiative in Latin America. *Resources, Conservation e Recycling*, v. 134, p. 70-79, 2018; SOUZA, M. T. S.; OLIVERO, S. M. Compras Públicas Sustentáveis: um estudo da incorporação de critérios socioambientais nas licitações do governo do Estado de São Paulo. In: *ANPAD, XXXIV ENANPAD*, Rio de Janeiro: Anais, 2010.

[143] BRITO, F. Pires. *Contratações Públicas Sustentáveis*: (Re) leitura verde da atuação do estado brasileiro. Rio de Janeiro: Lumen Juris, 2020; VILLAC, T. *Licitações Sustentáveis no Brasil*. 2. ed. Belo Horizonte: Fórum, 2020; SILVA, R. C. et al. Sustainable public procurement: the Federal Public Institution's shared system. *REGE Revista de Gestão*, n. 25, v. 1, p. 09-24, 2018. Disponível em: https://www.revistas.usp.br/rege/article/view/144404. Acesso em 10 set. 2019.

(conclusão)

Categorias	Fatores organizacionais	Revisão da literatura	Questões adjacentes
Mercado	• Mercado incipiente	OECD, 2008; HEGENBERG, 2013; DELMONICO et al., 2018; SILVA e BARKI, 2012; BETIOL et al., 2012; SILVA et al., 2018; GRANDIA, 2016[144]	• A carência de bens e serviços sustentáveis inviabilizam a realização das CPS?
	• Necessidade de equilibrar preço x competitividade x menor impacto ambiental	AGU, 2020; COUTO & RIBEIRO, 2016; DELMONICO et al., 2018[145]	• A necessidade de obter o equilíbrio entre preço x competitividade x menor impacto ambiental prejudica a realização das CPS?
	• Falta de conhecimento do mercado e dos fornecedores	DELMONICO et al., 2018; SILVA e BARKI, 2012; BETIOL et al., 2012; SILVA et al., 2018[146]	• A falta de conhecimento do mercado e dos fornecedores inviabiliza a realização das CPS?

Fonte: elaborado pelos Autores

---

[144] OECD. *Promoting Sustainable Consumption*: Good Pratices in OECD Countries. 2008. Disponível em: www.ecd.org/publishing/corrigenda. Acesso em 20 fev. 2021; HEGENBERG, J. T. *As compras públicas sustentáveis no Brasil*: um estudo nas universidades federais. Dissertação (Mestrado). Universidade Tecnológica Federal do Curitiba, Paraná, 2013; DELMONICO, D. et al. Unveiling barriers to sustainable public procurement in emerging economies: Evidence from a leading sustainable supply chain initiative in Latin America. *Resources, Conservation e Recycling*, v. 134, p. 70-79, 2018; SILVA, R. C.; BARKI, T. V. P. Compras públicas compartilhadas: a prática das licitações sustentáveis. *Revista do Serviço Público*, Brasília, v. 63, n. 2, p. 157-169, abr./jun. 2012; BETIOL, L. S. et al. *Compra sustentável*: a força do consumo público e empresarial para uma economia verde e inclusiva. 1. ed. São Paulo: GVCES, 2012. Disponível em: http://www.gvces.com.br/arquivos/130/CompraSust_web_dupla.pdf. Acesso em 20 mar. 2021; SILVA, R. C. et al. Sustainable public procurement: the Federal Public Institution's shared system. *REGE Revista de Gestão*, n. 25, v. 1, p. 09-24, 2018. Disponível em: https://www.revistas.usp.br/rege/article/view/144404. Acesso em 10 set. 2019; GRANDIA, J. Examining the mediating role of sustainable public procurement behaviour. *Journal of Cleaner Production*, n. 124, fev. 2016.

[145] BRASIL. Advocacia-Geral da União (AGU). Consultoria-Geral da União. *Guia Nacional de Contratações Sustentáveis*. Brasília: AGU, 2020. Disponível em: https://www.gov.br/agu/pt-br/composicao/consultoria-geral-da-uniao-1/modelos-de-convenios-licitacoes-e-contratos/modelos-de-licitacoes-e-contratos/licitacoes-sustentaveis. Acesso em 18 abr. 2021; COUTO, H.; RIBEIRO, F. Objetivos e Desafios da Política de Compras Sustentáveis no Brasil: a opinião dos especialistas. *Rev. Adm. Pública*, Rio de Janeiro, n. 50, v. 2, mar./abr. 2016; DELMONICO, D. et al. Unveiling barriers to sustainable public procurement in emerging economies: Evidence from a leading sustainable supply chain initiative in Latin America. *Resources, Conservation e Recycling*, v. 134, p. 70-79, 2018.

[146] DELMONICO, D. et al. Unveiling barriers to sustainable public procurement in emerging economies: Evidence from a leading sustainable supply chain initiative in Latin America. *Resources, Conservation e Recycling*, v. 134, p. 70-79, 2018; SILVA, R. C.; BARKI, T. V. P.

Saliente-se que os fatores organizacionais identificados neste estudo serão analisados em conjunto com os fatores comportamentais, para melhor compreensão dos aspectos relacionados à inserção de critérios de sustentabilidade nas compras públicas. Nesse sentido, a seguir serão abordados os fatores comportamentais, abordando questões relacionadas a vieses e heurísticas na tomada de decisão.

5.5 Fatores comportamentais: vieses e heurísticas

A literatura tem identificado fatores relevantes relacionados ao comportamento dos atores envolvidos nos processos de compras públicas, sobretudo, dos tomadores de decisão.[147] Grandia,[148] por exemplo, defende que o comprometimento afetivo, aliado a fatores como conhecimento e atitudes voluntárias são aspectos que permeiam os desafios de realizar compras públicas sustentáveis.

É na prática que o comportamento dos tomadores de decisão é observado e que, com seus diversos vieses, impacta as compras públicas sustentáveis. Os chamados "vieses comportamentais" são considerados fatores comportamentais que influenciam o consumo sustentável dos

---

Compras públicas compartilhadas: a prática das licitações sustentáveis. *Revista do Serviço Público*, Brasília, v. 63, n. 2, p. 157-169, abr./jun. 2012; BETIOL, L. S. *et al*. *Compra sustentável*: a força do consumo público e empresarial para uma economia verde e inclusiva. 1. ed. São Paulo: GVCES, 2012. Disponível em: http://www.gvces.com.br/arquivos/130/CompraSust_web_dupla.pdf. Acesso em 20 mar. 2021; SILVA, R. C. *et al*. Sustainable public procurement: the Federal Public Institution's shared system. *REGE Revista de Gestão*, n. 25, v. 1, p. 09-24, 2018. Disponível em: https://www.revistas.usp.br/rege/article/view/144404. Acesso em 10 set. 2019.

[147] PREUSS, L.; WALKER, H. Psychological barriers in the road to sustainable development: evidence from public sector procurement. *Public Administration*, Oxford, v. 89, n. 2, p. 493-521, jun. 2011; TESTA, F. *et al*. What factors influence the uptake of GPP (green public procurement) practices? *Ecological Economics 82*, p. 88-96, 2012; BETIOL, L. S. *et al*. *Compra sustentável*: a força do consumo público e empresarial para uma economia verde e inclusiva. 1. ed. São Paulo: GVCES, 2012. Disponível em: http://www.gvces.com.br/arquivos/130/CompraSust_web_dupla.pdf. Acesso em 20 mar. 2021; UEHARA, T. *Public Procurement for sustainable development*: a framework for the public sector. Chatan House: Energy, Environment and Resources Programme, nov. 2020; SILVA, R. C. *et al*. Sustainable public procurement: the Federal Public Institution's shared system. *REGE Revista de Gestão*, n. 25, v. 1, p. 09-24, 2018. Disponível em: https://www.revistas.usp.br/rege/article/view/144404. Acesso em 10 set. 2019; GRANDIA, J. Examining the mediating role of sustainable public procurement behaviour. *Journal of Cleaner Production*, n. 124, fev. 2016; SILVA, R. C.; BARKI, T. V. P. Compras públicas compartilhadas: a prática das licitações sustentáveis. *Revista do Serviço Público*, Brasília, v. 63, n. 2, p. 157-169, abr./jun. 2012; OECD. *Promoting Sustainable Consumption*: Good Pratices in OECD Countries. 2008. Disponível em: www.ecd.org/publishing/corrigenda. Acesso em 20 fev. 2021.

[148] GRANDIA, J. Examining the mediating role of sustainable public procurement behaviour. *Journal of Cleaner Production*, n. 124, fev. 2016.

indivíduos, que podem não se comportar "racionalmente", ao fazerem suas compras. Os vieses podem resultar de hábitos e costumes, de suscetibilidade a publicidades, de lealdade a marcas, de aversão ao risco e de pressões de pessoas/grupos, dentre outros fatores.[149]

Nesse contexto, vê-se que os tomadores de decisão têm papel fundamental no sentido de efetivar compras com critérios de sustentabilidade. Com efeito, a atuação do Estado deve ir além, no sentido de definir políticas e mecanismos que orientem e sensibilizem gestores e burocratas a reduzirem eventuais impactos negativos decorrentes de vieses e heurísticas inadequadas. Por exemplo: alguns agentes públicos podem ter preconceitos contra bens fabricados com materiais reciclados devido a preocupações com a confiabilidade e com o desempenho. Os gestores públicos podem, assim, associar termos como papel ou óleos usados com produtos de risco ou de qualidade inferior. O Estado, então, deve adotar políticas para evitar o impacto negativo de tais vieses.

De acordo com a OCDE,[150] o uso de vieses e heurísticas inadequados pode gerar decisões de consumo insustentáveis. Tais vieses e heurísticas podem se apresentar em diversos casos concretos, como, por exemplo, o receio de que o papel reciclado fique preso em impressoras e fotocopiadoras, ou de que óleos reciclados danifiquem veículos motores.

Os estudos sobre vieses e heurísticas nas tomadas de decisão têm ganhado robustez nos últimos anos no campo da estratégia comportamental.[151] É claramente perceptível que essa disciplina tem ganhado destaque nos últimos anos em diversas áreas de conhecimento, como economia, administração, direito e medicina.

Powel *et al.*[152] definiram o conceito de estratégia comportamental como sendo a união da psicologia cognitiva e social com estratégia, teoria e prática de gestão. A estratégia comportamental visa a trazer suposições realistas sobre cognição humana, sobre as emoções e sobre os aspectos sociais que influenciam o comportamento dos tomadores de decisão no universo da estratégia das organizações. Os autores esclarecem que o campo da estratégia comportamental reside na percepção de três escolas de pensamento: Reducionista, Pluralista e Contextualista.

---

[149] OECD. *Promoting Sustainable Consumption*: Good Pratices in OECD Countries. 2008. Disponível em: www.ecd.org/publishing/corrigenda. Acesso em 20 fev. 2021.

[150] OECD. *Promoting Sustainable Consumption*: Good Pratices in OECD Countries. 2008. Disponível em: www.ecd.org/publishing/corrigenda. Acesso em 20 fev. 2021.

[151] POWEL, T. C.; LOVALLO, D.; FOX, C. R. Behavioral Strategy. *Strategic Management Journal*, n. 32, p. 1369-1386, 2011.

[152] POWEL, T. C.; LOVALLO, D.; FOX, C. R. Behavioral Strategy. *Strategic Management Journal*, n. 32, p. 1369-1386, 2011.

Essa perspectiva de escola de pensamento, que eles acabam chamando de paradigma, pode, inclusive, ser utilizada de forma complementar, para melhor compreensão do campo da estratégia comportamental. O paradigma *reducionista* lida com o caráter psicológico da tomada de decisão, com o enfoque da racionalidade econômica, que pode ser melhor estudado quantitativamente e experimentalmente e tem como modelo central a teoria da decisão comportamental. O paradigma *pluralista*, por sua vez, lida com fatores mais psicológicos nas tomadas de decisão políticas e complexas. Esse pode ser melhor estudado em observações no campo e tem como modelo central a organização diferenciada internamente. Já o paradigma *contextualista* trata do caráter das percepções da gestão e de estruturas mentais e é melhor compreendido por métodos interpretativos, simbólicos, etnográficos ou hermenêuticos. Seu modelo central é a Teoria do Esquema.

A estratégia comportamental deve trazer todos os três paradigmas para dar sustentação teórica à análise dos problemas de pesquisa. Nessa esteira, Powel et al.[153] propõem quatro problemas essenciais de pesquisa no campo da estratégia comportamental: (1) dimensionar a escala da cognição individual ao comportamento coletivo; (2) definir os fundamentos psicológicos da teoria da estratégia; (3) compreender o julgamento complexo nas organizações; (4) melhorar a arquitetura psicológica da empresa.

Embora os paradigmas básicos da estratégia comportamental sejam historicamente fundamentados e relativamente estáveis, o campo teórico está em fase de desenvolvimento e há um universo exploratório com potencial para novas pesquisas. O contexto das organizações é complexo e imerso em ambiente de constantes mudanças e incertezas, o que torna o processo de tomada de decisão desafiador. É essencial compreender como os atores tomam decisões estratégicas e que os vieses comportamentais e as heurísticas aplicadas são fatores que impactam os processos decisórios.

Tversky e Kahneman[154] explicam que as heurísticas são regras simples que os tomadores de decisão utilizam para reduzir a complexidade das decisões. Para melhor compreensão das heurísticas na tomada de decisão, a literatura remonta ao conceito de racionalidade limitada.

---

[153] POWEL, T. C.; LOVALLO, D.; FOX, C. R. Behavioral Strategy. *Strategic Management Journal*, n. 32, p. 1369-1386, 2011.

[154] TVERSKY, A.; KAHNEMAN, D. Judgment Under Uncertainty: Heuristics and Biases. *Science, New Series*, v. 185, n. 4.157, p. 1124-1131, set. 1974.

Lejarraga e Pindard-Lejarraga[155] consideram que a visão de racionalidade limitada atribuída a Hebert Simon é, muitas vezes, vista como uma forma de racionalidade inferior no campo da gestão. Uma visão que enfatiza os erros resultantes das limitações cognitivas. Ocorre que, diferentemente do que muitos pensam, a visão de Simon é de que a racionalidade limitada não é baseada apenas nas limitações cognitivas, mas também nas características do ambiente. É crucial compreender como o comportamento se adequa ao ambiente.

De acordo com Lejarraga e Pindard-Lejarraga,[156] a melhor compreensão de como os tomadores de decisão atuam em diferentes ambientes específicos pode trazer recomendações frutíferas para a prática e para a educação gerencial. A abordagem do ambiente, que os autores chamam de racionalidade ecológica, provê o melhor entendimento sobre os vieses comportamentais, bem como a compreensão de quando e como determinadas heurísticas devem ser aplicadas em contextos organizacionais específicos, com base na interação dos tomadores de decisão e no ambiente.

Tversky e Kahneman[157] ponderam que o processo de tomada de decisão deve levar em conta o ambiente e suas incertezas. Os tomadores de decisão, de forma recorrente, podem aplicar heurísticas inadequadas; e quando isso acontece emergem diversos tipos de vieses. Os vieses podem ser definidos como qualquer desvio na tomada de decisão em relação a um padrão da escolha racional, afirmam Zhang e Cueto.[158] Os autores esclarecem que a literatura de vieses ingressou em diversos campos da ciência, o que resultou na criação de novos campos de pesquisa, tais como economia comportamental, direito comportamental e políticas públicas.

Vê-se, assim, que o conhecimento sobre os vieses comportamentais e heurísticas tem papel relevante na apreensão de como gestores e tomadores de decisão incluem critérios de sustentabilidade nas compras

---

[155] LEJARRAGA, J.; PINDARD-LEJARRAGA, M. *Bounded rationality*: cognitive limitations or adaptation to the environment? The Implications of ecological rationality for management learning. Academy of Management Learning e Education, in press. 2020. Disponível em: https://doi.org/10.5465/amle.2019.0189. Acesso em 12 dez. 2020.

[156] LEJARRAGA, J.; PINDARD-LEJARRAGA, M. *Bounded rationality*: cognitive limitations or adaptation to the environment? The Implications of ecological rationality for management learning. Academy of Management Learning e Education, in press. 2020. Disponível em: https://doi.org/10.5465/amle.2019.0189. Acesso em 12 dez. 2020.

[157] TVERSKY, A.; KAHNEMAN, D. Judgment Under Uncertainty: Heuristics and Biases. *Science, New Series*, v. 185, n. 4.157, p. 1124-1131, set. 1974.

[158] ZHANG, S. X.; CUETO, J. The Study of Bias in Entrepreneurship. *Entrepreneurship Theory and Pratice*, 2017.

governamentais. A partir dessa visão, surgem na literatura produções científicas com a lente teórica da estratégia comportamental voltada para A sustentabilidade. Shu e Bazerman[159] exploram intervenções no nível do indivíduo e seus respectivos processos cognitivos reconhecidos como empecilhos nas decisões de adoção de ações voltadas à sustentabilidade.

Em particular, os autores destacam três barreiras cognitivas que impedem a tomada de decisões voltadas à sustentabilidade. Primeiro, apesar de os tomadores de decisão afirmarem que têm preocupação com as gerações futuras, intuitivamente, eles deixam a questão para ser tratada no futuro. Em segundo lugar, ilusões positivas levam a concluir que problemas de energia não existem ou não são graves o suficiente para merecerem ação. Terceiro, os eventos são interpretados de uma maneira egoísta, uma tendência a se esperar que os outros façam mais para a solução dos problemas ambientais.

Os autores propõem, ainda, que os vieses cognitivos dos tomadores de decisão poderiam realmente ser usados em prol da sociedade, mas isso não acontece, passando tais vieses a ser interpretados como barreiras. Os estudos de Shu e Bazerman[160] mostram a importância da pesquisa sob o olhar dos vieses comportamentais nas tomadas de decisão relacionadas à sustentabilidade.

Verifica-se, então, que os vieses cognitivos são fatores comportamentais com potencial considerável para impactar nas decisões relacionadas à sustentabilidade, e, por conseguinte, nas compras públicas sustentáveis. Nessa mesma linha, Kaaronen[161] explica que o comportamento humano e a tomada de decisão são elementos fundamentais no processo de implantação das políticas públicas de consumo consciente, as quais desempenham um papel substancial na formação e perpetuação da sustentabilidade. O autor entende que as políticas públicas devem prover os recursos necessários para que os cidadãos atuem de acordo com seus valores. E traz o exemplo do lixo reciclável. Para ele, se as políticas públicas estiverem próximas, facilitam as pessoas a agirem de acordo com os seus valores.

---

[159] SHU, L.; BAZERMAN, M. Cognitive Barriers to Environmental Action: problems and Solutions. *Harvard Business Review*, Working paper, p. 11-46, 2010.

[160] SHU, L.; BAZERMAN, M. Cognitive Barriers to Environmental Action: problems and Solutions. *Harvard Business Review*, Working paper, p. 11-46, 2010.

[161] KAARONEN, R. O. Affording sustainability: adopting a theory of affordances as a guiding heuristic for environmental policy. *Frontiers in Psychology 8,* 1974. Disponível em: https://doi.org/10.3389/fpsyg.2017.01974. Acesso em 14 fev. 2017.

Vale destacar que os vieses são elementos que merecem ser analisados para melhor compreensão dos processos decisórios.[162] São diversos os pesquisadores que mapeiam diferentes vieses cognitivos que podem impactar em distintos processos decisórios. Não existe uma lista completa e universalmente aceita de vieses cognitivos cientificamente bem estabelecidos. Os vieses são aplicáveis de acordo com cada contexto específico, que pode apresentar formas particulares de serem categorizados.[163] Tversky e Kahneman,[164] por exemplo, identificaram três grandes heurísticas, cada uma com vários possíveis vieses de cognição, de acordo com situações específicas, enquanto Bazerman[165] identificou 13 tipos de vieses.

Com uma visão mais aplicada a um tema específico, Engler *et al.*[166] procederam a uma revisão conceitual do conhecimento existente sobre o papel dos vieses cognitivos para a sustentabilidade e o comportamento sustentável. Os autores distinguiram os vieses nas tomadas de decisão individual e em grupo e destacaram a relevância de cada um para um comportamento sustentável. Foi descoberto que, embora ambas as categorias possam apresentar ou não padrões sustentáveis de comportamento, os preconceitos relacionados à cognição humana identificados nas configurações do grupo podem ser centrais para a compreensão de muitas das questões atuais de sustentabilidade. Ademais, foi identificado que os efeitos dos vieses relacionados ao grupo podem superar aqueles no nível individual, quando há padrões insustentáveis de comportamento.

Nota-se, então, que a literatura de vieses cognitivos voltados à sustentabilidade pode servir de base para melhor compreensão do comportamento dos atores envolvidos com os processos de compras

---

[162] ENGLER, J-O. et al. *Navigating cognition biases in the search of sustainability*. Royal Swedish Academy of Sciences 2018. Ambio 2019, 48:605–618. Disponível em: https://doi.org/10.1007/s13280-018-1100-5. Acesso em: 15 mar. 2021; ZHANG, S. X.; CUETO, J. The Study of Bias in Entrepreneurship. *Entrepreneurship Theory and Pratice*, 2017; BAZERMAN, M. H.; MOORE, D. A. *Judgment in Managerial Decision Making*. Hoboken, NJ: Wiley, 2008.

[163] ZHANG, S. X.; CUETO, J. The Study of Bias in Entrepreneurship. *Entrepreneurship Theory and Pratice*, 2017; ENGLER, J-O. et al. *Navigating cognition biases in the search of sustainability*. Royal Swedish Academy of Sciences 2018. Ambio 2019, 48:605–618. Disponível em: https://doi.org/10.1007/s13280-018-1100-5. Acesso em: 15 mar. 2021.

[164] TVERSKY, A.; KAHNEMAN, D. Judgment Under Uncertainty: Heuristics and Biases. *Science, New Series*, v. 185, n. 4.157, p. 1124-1131, set. 1974.

[165] BAZERMAN, M. H.; MOORE, D. A. *Judgment in Managerial Decision Making*. Hoboken, NJ: Wiley, 2008.

[166] ENGLER, J-O. et al. *Navigating cognition biases in the search of sustainability*. Royal Swedish Academy of Sciences 2018. Ambio 2019, 48:605–618. Disponível em: https://doi.org/10.1007/s13280-018-1100-5. Acesso em: 15 mar. 2021.

públicas sustentáveis, bom como para analisar os impactos dos fatores comportamentais na inclusão de critérios de sustentabilidade nas aquisições públicas.

Nessa perspectiva, cabe referenciar, como sendo um modelo interessante, o trabalho de Engler *et al.*,[167] o qual apresenta uma visão geral dos vieses da cognição humana que são relevantes para o comportamento sustentável, juntamente com estratégias possíveis de enfrentamento ou mitigação dos problemas e/ou riscos decorrentes da influência dos vieses comportamentais na tomada de decisão. Sendo assim, o Quadro 7 expõe a visão geral dos vieses de cognição humana que são relevantes para o comportamento sustentável.

QUADRO 7
Visão geral dos vieses da cognição humana relevantes para o comportamento sustentável

Nome	Definição
Falácia do custo irrecuperável	A falácia de incluir custos incorridos (afundados) em uma decisão sobre continuação ou abandono de um projeto
Negligência de probabilidade	A não reação a mudanças de probabilidades de resultados possíveis
Viés de risco zero	A supervalorização das opções de escolha que prometem risco zero em comparação com opções com risco diferente de zero e maior redução absoluta de risco geral em relação ao *status quo*
Viés padrão	A tendência de manter a opção padrão em um contexto de decisão se tal opção padrão for especificada
Viés de *status quo*	A tendência para o estado atual das coisas, ou seja, para o *status quo*, sobre as alternativas possíveis
Afetar heurística	Um mecanismo mental que orienta as decisões com base no modo de pensamento rápido, intuitivo, automático, emocional, sem esforço e implícito
Polarização de grupo	O exagero, por meio da discussão em grupo, das tendências iniciais no pensamento dos membros do grupo
Polarização dentro/fora do grupo	O favorecimento de um grupo com o qual um indivíduo se identifica psicologicamente em relação àqueles com os quais não se identifica

Fonte: Engler *et al.*[168] (Traduzido pelos Autores).

---

[167] ENGLER, J-O. et al. *Navigating cognition biases in the search of sustainability*. Royal Swedish Academy of Sciences 2018. Ambio 2019, 48:605–618. Disponível em: https://doi.org/10.1007/s13280-018-1100-5. Acesso em: 15 mar. 2021.

[168] ENGLER, J-O. et al. *Navigating cognition biases in the search of sustainability*. Royal Swedish Academy of Sciences 2018. Ambio 2019, 48:605–618. Disponível em: https://doi.org/10.1007/s13280-018-1100-5. Acesso em: 15 mar. 2021.

Outrossim, é importante dar destaque também às contribuições de Zhang e Cueto,[169] posto que os autores fazem uma densa revisão da literatura e mapeiam os principais vieses e comportamentos específicos na tomada de decisão. O Quadro 8, a seguir, ilustra a sistematização e a consolidação desses elementos.

QUADRO 8
Vieses e comportamentos na tomada de decisão

Vieses	Comportamento das pessoas na tomada de decisão
Excesso de confiança	Percebe a certeza subjetiva maior que a acurácia objetiva
Excesso de otimismo	Superestima a probabilidade de eventos positivos e subestima a probabilidade de eventos negativos
Atribuição de autoatendimento	Atribui crédito para o sucesso enquanto nega responsabilidade para o fracasso
Ilusão de controle	Superenfatiza o grau de habilidade, ao invés do fato de as oportunidades melhorarem a performance
A lei dos pequenos números	Chegar a conclusões sobre uma população maior, utilizando uma pequena amostra
Similaridade	Tende a avaliar mais positivamente aqueles que são mais similares a você
Disponibilidade	Fazer julgamento sobre a probabilidade de eventos baseados na facilidade em pensar nos exemplos
Status quo	Repetir uma escolha anterior de forma excessiva e frequente
Representatividade	Usar uma situação familiar como atalhos cognitivos para tomar decisões
Falácia de planejamento	Subestimar o tempo necessário para tarefas futuras
Escalada de comprometimento	Persistir indevidamente em iniciativas malsucedidas ou em cursos de ação

Fonte: Zhang e Cueto,[170] (Traduzido pelo autor).

---

[169] ZHANG, S. X.; CUETO, J. The Study of Bias in Entrepreneurship. *Entrepreneurship Theory and Pratice*, 2017.

[170] ZHANG, S. X.; CUETO, J. The Study of Bias in Entrepreneurship. *Entrepreneurship Theory and Pratice*, 2017.

Os trabalhos de Engler *et al.*[171] e Zhang e Cueto[172] complementam-se. Há vieses mapeados pelos autores que se sobrepõem, alguns são parecidos, enquanto existem outros abordados por um, que não foram mencionados no trabalho de outro. Ambos abordaram os vieses de *status quo* e de "similaridade/polarização dentro/fora do grupo" "afetar heurística/representatividade". Mencionados respectivamente por Zhang e Cueto[173] e Engler *et al.*,[174] esses últimos têm o mesmo sentido, apesar de nomes diferentes. Já vieses como o da "Lei dos pequenos números", de Zhang e Cueto, não foram abordados nos estudos de Engler *et al*.

É importante frisar que os vieses aqui selecionados podem ser considerados como substrato para melhor análise dos fatores comportamentais que podem impactar nas decisões relacionadas à inclusão de critérios de sustentabilidade nas compras públicas. No entanto, tais fatores não se restringem apenas a vieses e heurísticas. Há questões relacionadas a outros aspectos, tais como intuição, afeto e emoção na tomada de decisão, que merecem ser contemplados no conjunto de variáveis observáveis no âmbito dos fatores comportamentais.

A intuição tem ganhado corpo na pesquisa científica relacionada à tomada de decisão. Os processos inconscientes são tratados na ciência da cognição como elementos que podem ter impacto significativo nos processos decisórios, o que torna adequado abordá-los de alguma forma nesta publicação, uma vez que o processo de tomada de decisão relacionado à sustentabilidade envolve tanto aspectos relacionados a vieses e heurísticas, quanto processos intuitivos inerentes à cognição humana.

A literatura da ciência da cognição explica que o processo de pensamento reside em duas dimensões, comumente chamadas de Sistemas 1 e 2. O Sistema 1 está relacionado ao intuitivo, ao inconsciente, ao processamento automático, pragmático, rápido. Já o Sistema 2 guarda relação com o pensamento reflexivo, lógico, controlado.[175]

---

[171] ENGLER, J-O. et al. *Navigating cognition biases in the search of sustainability*. Royal Swedish Academy of Sciences 2018. Ambio 2019, 48:605–618. Disponível em: https://doi.org/10.1007/s13280-018-1100-5. Acesso em: 15 mar. 2021.

[172] ZHANG, S. X.; CUETO, J. The Study of Bias in Entrepreneurship. *Entrepreneurship Theory and Pratice*, 2017.

[173] ZHANG, S. X.; CUETO, J. The Study of Bias in Entrepreneurship. *Entrepreneurship Theory and Pratice*, 2017.

[174] ENGLER, J-O. et al. *Navigating cognition biases in the search of sustainability*. Royal Swedish Academy of Sciences 2018. Ambio 2019, 48:605–618. Disponível em: https://doi.org/10.1007/s13280-018-1100-5. Acesso em: 15 mar. 2021.

[175] EVANS, St. B. T. Dual Processing Accounts of Reasoning, Judgment and Social Cognition. *Annual Review of Psycology*, v. 59, p. 255-278, 2008; KAHNEMAN, D.; KLEIN, G. Conditions for Intuitive Expertise: a Failure to Disagree. *American Psychologist*, v. 64, n. 6, p. 515-526, 2009;

Sob essa ótica, surgem na literatura novas teorias e abordagens que incitam as análises de processos decisórios que vão além da perspectiva de vieses e heurísticas. Chamam atenção os estudos de Kahneman e Klein,[176] que revela uma nova abordagem de análise no campo da intuição: a chamada "tomada de decisão naturalista". Os autores fazem um esforço no sentido de delimitar as verdadeiras habilidades intuitivas do excesso de confiança e de impressões enviesadas. Eles concluem que a avaliação da provável qualidade de um julgamento intuitivo exige a avaliação da previsibilidade do ambiente no qual o julgamento está sendo feito, bem como da oportunidade de aprendizagem individual das rotinas daquele ambiente. A perspectiva da "tomada de decisão naturalista", diferentemente de vieses e heurísticas, evidencia a intuição e a expertise desenvolvidas na prática e não nos laboratórios e universidades.

A literatura de estratégia comportamental traz ainda outras abordagens de análise com o foco na intuição, no afeto e na emoção. Weber e Johnson[177] consideram que uma relação entre afeto e motivação leva tomadores de decisão a adotarem suas preferências pessoais nos processos decisórios, priorizando tais escolhas em detrimento de modelos racionais e/ou heurísticas aplicadas a determinada situação.

Em suma, pode-se considerar que a literatura de estratégia comportamental tem um rico repertório de abordagens e teorias capazes de dar sustentação a diversos tipos de investigação referentes à inclusão de critérios de sustentabilidade nas compras públicas. Nessa toada, faz-se mister mapear os fatores comportamentais que podem impactar as decisões de inclusão de critérios de sustentabilidade nas compras pública, bem como selecionar questões relevantes no processo de consecução dos objetivos deste estudo.

Destarte, os fatores comportamentais podem compreender em grande parte a perspectiva de vieses e heurísticas, com abordagem também de aspectos relacionados à intuição, ao afeto e à emoção. Assim, o Quadro 9, a seguir, consolida as principais variáveis identificadas e contempladas nos fatores comportamentais, bem como as

---

WEBER, E. U.; JOHNSON, E. J. Mindful Judgement and Decision Making. *Center for the Decision Science (CDS)*, New York: Columbia University, a. 1027, ver. Psycol, v. 60, p. 53-85, 2009.

[176] KAHNEMAN, D.; KLEIN, G. Conditions for Intuitive Expertise: a Failure to Disagree. *American Psychologist*, v. 64, n. 6, p. 515-526, 2009.

[177] WEBER, E. U.; JOHNSON, E. J. Mindful Judgement and Decision Making. *Center for the Decision Science (CDS)*, New York: Columbia University, a. 1027, ver. Psycol, v. 60, p. 53-85, 2009.

questões adjacentes que se relacionam com a análise dos impactos dos fatores comportamentais na inclusão de critérios de sustentabilidade nas compras públicas.

QUADRO 9

Fatores comportamentais e questões adjacentes

(continua)

Categorias	Fatores comportamentais	Revisão da literatura	Questões adjacentes
Vieses e Heurísticas	Viés de *status quo*	ZHANG e CUETO, 2017; ENGLER *et al.*, 2018[178]	• Os envolvidos tendem a manter o *status quo* nas cláusulas e especificações dos editais de licitação sem uma motivação explícita para incluir critérios de sustentabilidade em tais instrumentos?
	Polarização dentro/fora do grupo		• Nos processos decisórios referentes à inclusão de critérios de sustentabilidade nas compras públicas há comportamentos tendenciosos dos tomadores de decisão no sentido de incluir ou não tais critérios de acordo com o pensamento de quem eles são mais próximos?
	A Lei dos pequenos números		• As tomadas de decisão, que envolvem ou não a inclusão de critérios de sustentabilidade nas compras públicas, tendem a não realizar as CPS quando há um ou outro caso de compra com o mesmo objeto que por alguma razão específica não tenha dado certo?
	Disponibilidade		• Os envolvidos com os processos de compras costumam julgar a vantajosidade de uma compra sustentável com argumentos reducionistas? (por exemplo, não vamos fazer, porque deu errado da vez passada.)

(conclusão)

Categorias	Fatores comportamentais	Revisão da literatura	Questões adjacentes
Vieses e Heurísticas	Viés de risco zero	ZHANG e CUETO, 2017; ENGLER et al., 2018[178]	• Os envolvidos com os processos de compras tendem a tomar decisões de inclusão de critérios de sustentabilidade nas contratações, supervalorizando opções de escolha que tenham risco zero?
Intuição, Afeto e Emoção		EVANS, 2008; KAHNEMAN e KLEIN, 2009; WEBER e JOHNSON, 2009; TVERSKY e KAHNEMAN, 1974; SHU e BAZERMAN, 2010[179]	• Os envolvidos no processo de contratação costumam tomar decisão sobre realização de compras sustentáveis de forma automática e intuitiva, sem refletir sobre os prós e os contras? • As decisões de inclusão de critérios de sustentabilidade nas compras públicas são tomadas mais com base na emoção que na racionalidade instrumental?

Fonte: elaborado pelos Autores.

Na próxima seção serão abordadas as compras compartilhadas, haja vista a relevância que este modelo tem para o fortalecimento da governança e da sustentabilidade nas instituições.

---

[178] ZHANG, S. X.; CUETO, J. The Study of Bias in Entrepreneurship. *Entrepreneurship Theory and Pratice*, 2017; ENGLER, J-O. et al. Navigating cognition biases in the search of sustainability. Royal Swedish Academy of Sciences 2018. Ambio 2019, 48:605–618. Disponível em: https://doi.org/10.1007/s13280-018-1100-5. Acesso em: 15 mar. 2021.

[179] EVANS, St. B. T. Dual Processing Accounts of Reasoning, Judgment and Social Cognition. *Annual Review of Psycology*, v. 59, p. 255-278, 2008; KAHNEMAN, D.; KLEIN, G. Conditions for Intuitive Expertise: a Failure to Disagree. *American Psychologist*, v. 64, n. 6, p. 515-526, 2009; WEBER, E. U.; JOHNSON, E. J. Mindful Judgement and Decision Making. *Center for the Decision Science (CDS)*, New York: Columbia University, a. 1027, ver. Psycol, v. 60, p. 53-85, 2009; TVERSKY, A.; KAHNEMAN, D. Judgment Under Uncertainty: Heuristics and Biases. *Science, New Series*, v. 185, n. 4.157, p. 1124-1131, set. 1974; SHU, L.; BAZERMAN, M. Cognitive Barriers to Environmental Action: problems and Solutions. *Harvard Business Review*, Working paper, p. 11-46, 2010.

5.6 Compras compartilhadas: governança sustentável em ação

É fundamental o desenvolvimento organizacional das unidades que lidam com as atividades relacionadas a contratações, de modo que os gestores tenham uma visão mais estratégica, com pano de fundo multidisciplinar, em um ambiente de diálogo entre as ciências jurídica, administrativa, econômica, ambiental, social, entre outras.[180] A questão das contratações públicas tem como um dos seus pontos fulcrais o problema do gasto público, que tem sido alvo de debate e de críticas nos diversos círculos profissionais e acadêmicos.

É válido frisar que o cenário vigente sugere a construção de novos modelos que otimizem os processos de compras públicas. Isso inclui a proposição de arranjos institucionais, políticas, diretrizes e instrumentos de gestão nas contratações públicas de órgãos e entidades de todas as unidades da federação. Tais unidades, de uma forma geral, realizam compras individualizadas para as mesmas categorias de bens e serviços com preços e qualidades diversos. Esse cenário traz à tona a seguinte pergunta: se as instituições comprassem em conjunto, não haveria ganhos de escala, processuais, mais troca de conhecimento e mais chances de contratar com qualidade?

Nessa perspectiva, as compras compartilhadas podem ser consideradas como um mecanismo de compras públicas capaz de gerar diversos benefícios para a Administração Pública. Tal modelo tem, inclusive, sido cobrado pela Corte de Contas, o que pode ser demonstrado por meio do Acórdão TCU nº 1524/2019 – TCU – Plenário, o qual recomenda ao Ministério da Economia que realize estudos para avaliar o grau de fragmentação das compras públicas, seus potenciais efeitos negativos e positivos, assim como as diferentes estratégias de ação para melhor gerenciá-los, considerando uma visão completa do governo.[181]

Observa-se que é preciso pensar novos modelos e promover inovações organizacionais que otimizem o processo de contratação pública como um todo. Um sistema de contratação pública bem concebido contribui significativamente para o alcance dos objetivos das

---

[180] SILVA, R. C. *Compras compartilhadas sustentáveis*: uma experiência compartilhada. Rio de Janeiro: Prêmio Ministro Gama Filho do Tribunal de Contas do Estado do Rio de Janeiro, 2016. Disponível em: https://www.tce.rj.gov.br/web/ecg/premio-ministro-gama-filho-20161. Acesso em 13 set. 2019.

[181] EMENTÁRIO.INFO. *Ementário de Gestão Pública nº 2300*. 2019. Disponível em: http://ementario.info/2019/07/30/ementario-de-gestao-publica-no-2-300.htm. Acesso em 10 ago. 2021.

políticas públicas, para o estabelecimento da eficácia do setor público e para o estabelecimento da confiança dos cidadãos, o que se torna mais relevante quando se analisa o volume de despesas que as contratações públicas representam.[182]

É oportuno salientar que as contratações públicas, ao visarem alcançar os objetivos das políticas públicas, devem ter como pano de fundo o princípio da sustentabilidade. No contexto vigente, não há como falar em qualidade do gasto público se não incluir a aplicação do conceito de sustentabilidade. As compras públicas são um meio de fomentar o desenvolvimento nacional sustentável, com mudanças de padrão de produção e consumo, fortalecendo a imagem do poder público brasileiro nas esferas nacional e internacional. No Brasil, as compras governamentais equivalem a uma média de 12,5% do produto interno bruto (PIB). No mundo, chegam a corresponder a 17,9% do PIB.[183]

Nesse quadro, as compras compartilhadas e sustentáveis podem ser consideradas um meio poderoso para o estabelecimento de um novo modelo de governança em compras, agregando a noção aplicável do conceito de sustentabilidade em todo o ciclo de vida das contratações. Para fins deste livro, a Compra Compartilhada Sustentável é a aquisição conjunta de bens e serviços que geram menos impacto ambiental, mais justiça social e eficiência econômica, com ganhos de escala, realizada por organizações públicas de diferentes setores ou entre unidades de uma mesma organização pública, visando fomentar a produção e o consumo sustentável no país.[184] Esse modelo é uma espécie de bússola para que servidores e unidades envolvidas nas contratações atuem de forma sistêmica e integrada, com vistas à otimização de recursos humanos, logísticos e orçamentários, entre outros.[185]

---

[182] OCDE. *Recomendação do Conselho em Matéria de Contratos Públicos.* [S.D.]. Disponível em: https://www.oecd.org/gov/ethics/Recomenda%C3%A7%C3%A3o-conselho-contratos.pdf. Acesso em 28 ago. 2019.

[183] INSTITUTO DE PESQUISAS ECONÔMICA E APLICADA (IPEA). *Análise Comparada sobre Medidas de Favorecimento de Micro e Pequenas Empresas (MPEs) em Compras Públicas com Avaliação de Eficácia e Identificação de Melhores Práticas.* 2018. Disponível em: http://www.ipea.gov.br/portal/images/stories/PDFs/TDs/td_2422.pdf. Acesso em 29 ago. 2021.

[184] SILVA, R. C. Compras compartilhadas sustentáveis: construindo um novo paradigma. *Revista do 5º Congresso Brasileiro de Gestão do Ministério Público*, p. 75-84, 2014. Disponível em: http://www.cnmp.mp.br/portal/images/Revista_5_congresso_CNMP_2.PDF. Acesso em 29 set. 2015.

[185] SILVA, R. C. *et al.* Sustainable public procurement: the Federal Public Institution's shared system. *REGE Revista de Gestão*, n. 25, v. 1, p. 09-24, 2018. Disponível em: https://www.revistas.usp.br/rege/article/view/144404. Acesso em 10 set. 2019.

É importante avultar as diversas perspectivas e termos atribuídos na literatura e na prática, às compras e contratações que podem ser realizadas entre diversos órgãos e entidades e, também, dentro de um único órgão com suas diversas unidades. O termo "compra centralizada", apesar de ser bastante utilizado nas literaturas nacional e internacional, na prática, aqui no Brasil, tem sido, na maioria das vezes, adotado para compras realizadas por uma unidade central de um determinado órgão para outras unidades do mesmo órgão, ou até de outros órgãos e entidades, desde que haja o necessário repasse orçamentário e financeiro.

Apesar dos distintos termos utilizados para caracterizar uma compra conjunta, o que mais pode diferenciar uma contratação da outra é o grau de centralização do modelo adotado ou da contratação específica realizada. Pode haver a centralização total da contratação, em que todas as decisões referentes ao processo de compras (o que comprar, como comprar, quando comprar, de quem comprar) estão concentradas em um único órgão, o que acontece muito em centrais de compras públicas.

Por outro lado, a contratação pode chegar a ser totalmente descentralizada, na qual as divisões são responsáveis pelas decisões. Ou ainda parcialmente descentralizada, em que as divisões e a central compartilham poderes de decisão sobre as compras. O Decreto de Registro de Preços – Decreto nº 8250/2014 – possibilita que os órgãos participantes de uma compra/contratação compartilhada possam auxiliar tecnicamente o órgão gerenciador. Nesse sentido, as estruturas responsáveis pelas contratações podem assumir arranjos diversos. Sugere-se, inclusive, que os órgãos e entidades criem, provisoriamente, equipes multidisciplinares específicas, para apoiar nas diversas fases do certame.

Paralelamente, é necessário destacar que ainda há outros termos, como: "compra nacional", inserido pelo Decreto nº 8250/2014, o qual considera "a compra ou contratação de bens e serviços em que o órgão gerenciador conduz os procedimentos para registro de preços destinado à execução descentralizada de programa ou projeto federal, mediante prévia indicação da demanda pelos entes federativos beneficiados".[186]

---

[186] BRASIL. Decreto nº 8250, de 23 de maio de 2014. Altera o Decreto nº 7.892, de 23 de janeiro de 2013, que regulamenta o Sistema de Registro de Preços previsto no art. 15 da Lei nº 8.666, de 21 de junho de 1993. *Diário Oficial da União*, Brasília, DF, 26 mai. 2014, retificado em 27 mai. 2014. Disponível em: http://www.planalto.gov.br/ccivil_03/_ato2011-2014/2014/decreto/D8250.htm. Acesso em 14 fev. 2022.

Por outro lado, a compra ou contratação compartilhada tem sido bastante utilizada pelos normativos e pala Corte de Contas Nacional. Essa utilização, na prática, é consubstanciada no Decreto nº 7892/13, alterado pelo Decreto nº 8250/2014, que regulamenta o chamado Sistema de Registro de Preços. Nessa configuração, existem as figuras dos órgãos gerenciadores, dos órgãos participantes e não participantes, que têm suas atribuições específicas previstas no Decreto. Nesse desenho, o órgão participante define o que quer comprar, ordena a despesa, paga e aplica penalidades de forma independente do órgão gerenciador.

Nesse contexto, portanto, pode-se considerar que as contratações compartilhadas têm potencial significativo para gerar benefícios econômicos, sociais e ambientais. Sendo assim, a próxima seção fará uma sucinta revisão dos benefícios da implantação desse modelo.

5.6.1 Benefícios das contratações compartilhadas

É possível afirmar que são diversos os benefícios decorrentes da realização de compras compartilhadas no setor público brasileiro, acarretando ganhos ambientais, sociais e econômicos, concomitantemente.[187] É importante ponderar, no entanto, que há um debate sobre os benefícios, as limitações e os desafios desse modelo.

É válido pontuar que as compras compartilhadas sustentáveis são realizadas tendo como pano de fundo o pacto federativo. O Princípio Federativo adotado pelo Brasil pressupõe a repartição de competências entre a União e Estados-membros, o que significa que as compras compartilhadas podem alcançar a composição com órgãos e entidades de todos os entes federativos. Ademais, as compras compartilhadas, com todos os seus benefícios, podem contribuir com mais qualidade para o processo de elaboração, de implementação e, inclusive, de descentralização das políticas públicas. Dessa forma, a Figura 5, a seguir, apresenta um modelo que destaca alguns benefícios que ganham relevo nas compras compartilhadas sustentáveis.

---

[187] SILVA, R. C.; BARKI, T. V. P. Compras públicas compartilhadas: a prática das licitações sustentáveis. *Revista do Serviço Público*, Brasília, v. 63, n. 2, p. 157-169, abr./jun. 2012; BETIOL, L. S. et al. *Compra sustentável*: a força do consumo público e empresarial para uma economia verde e inclusiva. 1. ed. São Paulo: GVCES, 2012. Disponível em: http://www.gvces.com.br/arquivos/130/CompraSust_web_dupla.pdf. Acesso em 20 mar. 2021; SILVA, R. C. et al. Sustainable public procurement: the Federal Public Institution's shared system. *REGE Revista de Gestão*, n. 25, v. 1, p. 09-24, 2018. Disponível em: https://www.revistas.usp.br/rege/article/view/144404. Acesso em 10 set. 2019.

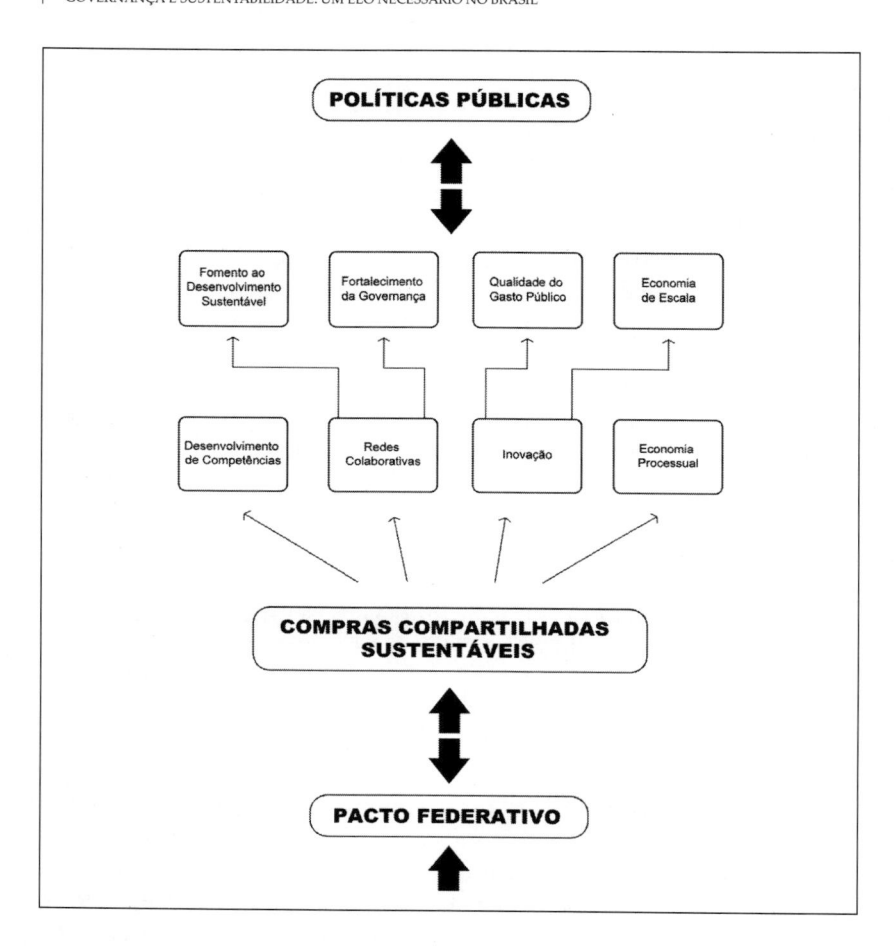

FIGURA 5 – Benefícios das compras compartilhadas sustentáveis

A partir da análise da Figura 5, convém explicar, em linhas gerais, cada benefício identificado como decorrente do processo de realização das compras compartilhadas sustentáveis. O primeiro deles é o "Fomento ao Desenvolvimento Sustentável". A aplicação de critérios de sustentabilidade nas contratações torna-se mais robusta com o aumento do volume de compras, sem prejuízo das medidas de redução e consumo consciente por parte do administrador público.

Observa-se, claramente, o avanço do tema "compras públicas sustentáveis" no Brasil e no mundo nos últimos anos. Faz-se necessária a disseminação desse tema nas diversas organizações dos níveis federal, estadual e municipal. As compras compartilhadas sustentáveis são uma forma de multiplicar as compras sustentáveis com maiores ganhos econômicos, sociais e ambientais, dando um rumo mais adequado ao poder de compra do Estado. Nessa esteira, vê-se que as compras compartilhadas sustentáveis cumprem um papel importante no fomento à produção e ao consumo sustentável e, por conseguinte, no desenvolvimento sustentável do país.

É oportuno sublinhar que o processo de construção coletiva de uma compra compartilhada acaba contribuindo para a melhoria da "Qualidade do Gasto Público", uma vez que as diversas instituições participantes podem contribuir, com suas experiências e *expertise,* para o aperfeiçoamento das especificações e critérios dos bens e serviços a serem contratados. Esse processo como um todo impacta positivamente na geração de dois outros benefícios considerados para o modelo de compras compartilhadas: o "Desenvolvimento de Competências" e a participação e formação de "Redes Colaborativas".

No que tange ao "Desenvolvimento de Competências", verifica-se que a contratação conjunta exige dos envolvidos a busca de mais conhecimento, do desenvolvimento de mais habilidades e de atitudes que contribuam para a melhoria dos processos de compras. A troca de experiências e o *benchmarking* que decorrem desse processo contribuem para o fortalecimento da formação de cada um, para maior participação e desenvolvimento de "Redes Colaborativas". Sendo assim, é natural e recomendável que, nesse modelo, as unidades da federação estejam conectadas com o conhecimento e a prática das contratações, formando, na medida do possível, redes colaborativas entre as instituições públicas.

É valido frisar a relevância das compras compartilhadas sustentáveis para a "Padronização", considerando a necessidade clara de melhoria da qualidade das aquisições dos bens e produtos licitados no país. Para Marçal Justen Filho,[188] trata-se de um instrumento que racionaliza a atividade administrativa, permitindo a redução de custos e otimizando a aplicação de recursos. Em outras palavras, a padronização elimina variações referentes tanto à seleção de produtos, no momento da contratação, quanto à sua utilização e conservação, entre outros aspectos.

É imprescindível falar do peso "Economia de Escala" nos processos de compras compartilhadas. A economia de escala, presente

---

[188] JUSTEN FILHO, Marçal. *Comentários à Lei das Licitações e Contratos Administrativos.* 10. ed. São Paulo: Dialética, 2004.

nos estudos das ciências econômicas, indica que a produção em larga escala reduz os custos de matéria-prima e de produção, além de ter forte correlação com a concorrência. De acordo com Kotler,[189] o preço é um elemento flexível que pode ser alterado com rapidez, sendo a concorrência de preços o maior problema com o qual as empresas se deparam. Na abordagem do marketing, a precificação mais simples pode ser feita pelos preços praticados pela concorrência. Kotler[190] entende que, quando isso acontece, a política da organização é orientada para a concorrência e dependente do comportamento do consumidor. No caso em tela, o setor público, ao comprar em conjunto, compra mais, estimula a concorrência e incita a redução dos preços.

Além da economia de escala, a "Economia Processual" é, sem dúvidas, uma das grandes vantagens das compras compartilhadas, no que diz respeito à eficiência do gasto público.[191] Cada licitação tem um custo administrativo e processual, e comprar em conjunto é uma forma de eliminar tais custos com economias de recursos humanos, processuais, logísticos, dentre outros.

É mister apontar que as compras compartilhadas têm uma conexão considerável com o tema "Inovação", que é também considerado um benefício potencial desse novo modelo. Uma das inovações mais importantes ocorre no nível da inovação organizacional. Ela pode ser entendida como a implementação de um novo método organizacional na prática de negócios da instituição, no ambiente de trabalho da organização e nas relações externas. A inovação organizacional pode ser desenhada para melhorar a performance organizacional em função da redução dos custos administrativos e de transação, da melhoria da satisfação no ambiente do trabalho e, consequentemente, da produtividade pela redução dos custos dos insumos.[192]

A literatura sobre inovação organizacional tem encontrado relações entre inovação e performance organizacional, bem como

---

[189] KOTLER, P. *Administração de marketing*. São Paulo: Prentice Hall, 2000.

[190] KOTLER, P. *Administração de marketing*. São Paulo: Prentice Hall, 2000.

[191] SILVA, R. C. Compras compartilhadas sustentáveis: construindo um novo paradigma. *Revista do 5º Congresso Brasileiro de Gestão do Ministério Público*, p. 75-84, 2014. Disponível em: http://www.cnmp.mp.br/portal/images/Revista_5_congresso_CNMP_2.PDF. Acesso em 29 set. 2015; SILVA, R. C.; BARKI, T. V. P. Compras públicas compartilhadas: a prática das licitações sustentáveis. *Revista do Serviço Público*, Brasília, v. 63, n. 2, p. 157-169, abr./jun. 2012; SILVA, R. C. *et al*. Sustainable public procurement: the Federal Public Institution's shared system. *REGE Revista de Gestão*, n. 25, v. 1, p. 09-24, 2018. Disponível em: https://www.revistas.usp.br/rege/article/view/144404. Acesso em 10 set. 2019.

[192] OECD. *Oslo Manual-Guidelines for Collecting and Interpreting Innovation*. OECD, 2005.

identificado a importância de se aplicar inovações na estratégia, nos processos produtivos e ou de trabalho, introduzindo novas práticas no ambiente do trabalho.[193] No caso das compras compartilhadas, a inovação deve se relacionar com a performance organizacional, sob o ponto de vista das performances ambiental, social e econômica, e sob a ótica da sustentabilidade, com base no *Triple Bottom* Line – TBL.

A transformação do processo de compra pública convencional em um processo de compra compartilhada sustentável é inovadora, na medida em que são incluídos critérios de sustentabilidade e gerados novos padrões de articulação e transferência de conhecimento entre os diversos órgãos e fornecedores. Esse processo contribui para agregação de valor no que diz respeito à gestão do conhecimento organizacional.

Nota-se, portanto, que as compras compartilhadas apresentam diversos benefícios para o país, com grande potencial para gerar ganhos ambientais, sociais, econômicos, entre outros. Como é sabido, não basta fazer compras sustentáveis e/ou compartilhadas. É importante que a lógica da sustentabilidade esteja presente em todas as fases da contratação até o destino de seus resíduos gerados por elas, o que torna o tema gestão de resíduos cada vez mais importante nas organizações. Dessa forma, a próxima seção irá discorrer sobre as questões relacionadas à gestão de resíduos no contexto organizacional.

5.7 Gestão de Resíduos

A governança pública sustentável não pode desconsiderar a adequada gestão de resíduos gerados e, neste contexto, além da inserção das previsões normativas pertinentes nos editais, é necessário um salto: a implementação, também pelo consumo estatal, de contratações que estejam condizentes com a economia circular.

5.7.1 A evolução dos paradigmas: da Produção Mais Limpa – P + L à Economia Circular

Historicamente, é sabido que os órgãos de proteção ambiental norteavam suas ações, basicamente, por programas e políticas de redução de poluição que impunham medidas de controle somente após

---

[193] CAMISÓN, C.; VILLAR-LÓPEZ, A. Organizational innovation as an enabler of technological innovation capabilities and firm performance. *Journal of Business Research*, v. 67, n. 1, p. 2891-2902, 2014.

a geração de resíduos, ou após os danos ambientais já terem ocorrido, como resultado de uma liberação de poluentes no meio ambiente. Esse procedimento, comumente conhecido como gerenciamento de fim de tubo, inclui medidas de tratamento, disposição e recuperação de locais contaminados.

O aumento da pressão popular devido a ocorrência de graves acidentes ambientais, aliado às maiores exigências de mercado, ao alto custo dos modelos convencionais de controle e, sobretudo, ao fato de que somente a aplicação de medidas de controle não é capaz de corrigir a causa raiz dos problemas ambientais, influenciaram uma mudança de ênfase.[194]

A Produção Mais Limpa surge como uma mudança de foco nas estratégias ambientais, saindo de um enfoque corretivo para um enforque preventivo. O termo "Produção Mais Limpa – P + L" foi criado oficialmente pela ONU, em 1989. Na definição da UNEP,[195] a P + L é uma estratégia preventiva integrada que se aplica a processos, produtos e serviços, tendo por objetivo prevenir o impacto ambiental e econômico negativo do processo produtivo, permitindo a satisfação, de modo sustentável, de nossas necessidades por produtos e serviços. Essa estratégia tem papel fundamental no sentido de contribuir para criar e manter, junto ao setor produtivo, condições direcionadas à sustentabilidade.

Destarte, nota-se que essa perspectiva exige que os agentes produtivos examinem os meios que resultem no aumento da produtividade, visando à redução do uso dos insumos e, sobretudo, dos impactos ambientais. Não podemos considerá-la apenas como uma iniciativa ambiental, mas também como um suporte para os programas e estratégias de produtividade.

Nessa lógica, o produto já deve ser concebido de modo adequado, desde o seu planejamento e *design*. Assim, essa estratégia não se resume apenas à aquisição de caros e sofisticados filtros em chaminés industriais e volumosas estações de tratamento de resíduos líquidos. Essa técnica mais clássica resulta em altos investimentos e aumento do custo final dos produtos. Por conseguinte, a atitude empresarial em relação ao meio ambiente passa a ser predominantemente reativa, isto

---

[194] SILVA, R. C.; BARROS, F. Produção Mais Limpa no Brasil: P + L: vantagens e Limitações. In: *Encontro Internacional sobre Gestão Empresarial e Meio Ambiente – ENGEMA 2003*. FEA/USP, 2003.

[195] UNITED NATIONS ENVIRNOMENT PROGRAMME (UNEP). Division of Technology, Industry and Economic – (DTIE). *Cleaner Production*. Disponível em: http://www.uneptie.org. Acesso em 20 jan. 2021.

é, as indústrias só atendem à legislação ambiental quando são obrigadas pelos órgãos competentes.

Nessa senda, surge a necessidade de abordagens mais sistêmicas, que exigem o conhecimento de todas as etapas do processo produtivo, o que ocorre com a Produção Mais Limpa, que, além de evitar desperdícios de matérias-primas e insumos como água e energia, reduz custos e permite identificar oportunidades de negócios. A empresa aprende a valorizar resíduos que antes descartava, isto é, que eram rejeitos, e a colocar no mercado esses resíduos e subprodutos, estimulando a criatividade que leva à inovação e, consequentemente, a novos produtos.[196]

Apesar da inequívoca relevância crucial dos aspectos ambientais e econômicos implícitos no desenho da Produção Mais Limpa, esse modelo não trazia a perspectiva social inerente à perspectiva da sustentabilidade. Nessa esteira, Witjes e Lozano[197] esclarecem que a sustentabilidade visa a abordar as questões ambientais e socioeconômicas no longo prazo e apontam que mais recentemente o conceito de Economia Circular vem sendo ampliado para abordar essas questões (ambientais e socioeconômicas). A Economia Circular visa à transformação de resíduos em recursos e à interligação das atividades de produção e consumo, no entanto, ainda são poucas as pesquisas com foco nesses aspectos.[198]

Braungart e Mcdonough, em trabalho considerado seminal na área da Economia Circular,[199] trazem a ideia do chamado "Berço ao Berço", que vem ganhando corpo nos últimos anos. Os autores propõem dois ciclos industriais distintos: o ciclo biológico, cujos materiais são biodegradáveis ou obtidos a partir de matéria vegetal, retornando o seu valor como nutrientes biológicos para os ecossistemas; e o ciclo técnico, cujos materiais utilizados circulam em ciclos industriais fechados – notadamente aqueles que não são produzidos de forma contínua pela biosfera (não renováveis), como metais ou plásticos.

---

[196] SILVA, R. C.; BARROS, F. Produção Mais Limpa no Brasil: P + L: vantagens e Limitações. In: *Encontro Internacional sobre Gestão Empresarial e Meio Ambiente – ENGEMA 2003*. FEA/USP, 2003.

[197] WITJES, S.; LOZANO, R. Towards a more Circular Economy: proposing a framework linking sustainable public procurement and sustainable business models. *Resources, Conservation e Recycling*, v. 112, p. 37-44, 2016.

[198] WITJES, S.; LOZANO, R. Towards a more Circular Economy: proposing a framework linking sustainable public procurement and sustainable business models. *Resources, Conservation e Recycling*, v. 112, p. 37-44, 2016.

[199] BRAUNGART, M.; MCDONOUGH, W. *Cradle to Cradle*. 1. ed. Barcelona: Criar e Reciclar ilimitadamente, 2014.

O pensamento "do Berço ao Berço" vai além da ideia de que a vida de um produto deve ser considerada "do Berço ao Túmulo" – expressão usada na chamada "Análise de Ciclo de Vida", para descrever o processo linear de extração, de produção e de descarte. Esse modelo ganhou bastante expressividade no mercado e nas organizações, chegando, inclusive, a ter uma ISO dedicada a essa técnica (ISO 14040). Nela, a lógica é que os recursos sejam geridos circularmente, da criação à reutilização. Sendo assim, o modelo linear do "Berço ao Túmulo" é substituído por sistemas cíclicos, o que permite a utilização perene dos recursos.[200]

A Figura 6, a seguir, demonstra as etapas do ciclo de vida de um produto, as quais vão além do prisma do "Berço ao Túmulo", passando para a visão da Economia Circular – do "Berço ao Berço".

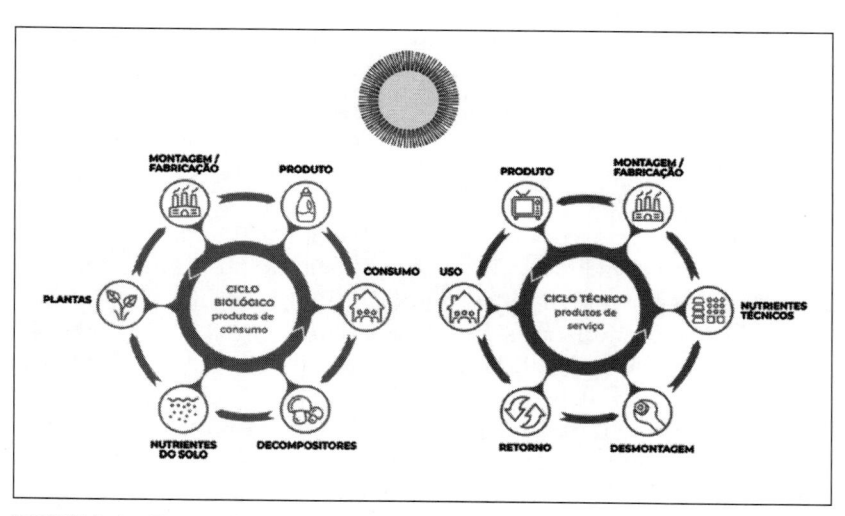

FIGURA 6 – Etapas do Ciclo de Vida de um produto
Fonte: BRAUNGART e MCDONOUGH, 2014.[201]

Diante do exposto, vê-se, nas últimas décadas, um avanço nos paradigmas relacionados aos processos produtivos. Dessa forma, a próxima seção irá analisar com maior atenção os elementos relacionados

---

[200] BRAUNGART, M.; MCDONOUGH, W. *Cradle to Cradle*. 1. ed. Barcelona: Criar e Reciclar ilimitadamente, 2014.
[201] BRAUNGART, M.; MCDONOUGH, W. *Cradle to Cradle*. 1. ed. Barcelona: Criar e Reciclar ilimitadamente, 2014.

à gestão dos resíduos sólidos, bem como os avanços e desafios para a implementação da gestão ambiental adequada dos resíduos no Brasil.

5.7.2 Gestão de resíduos: avanços e desafios de implementação[202]

A Política Nacional de Resíduos Sólidos (PNRS) é o primeiro marco regulatório nacional referente a resíduos sólidos, tendo como destinatários todos nós: pessoas físicas, jurídicas, de direito público e de direito privado. Os objetivos da política são também de grande abrangência, concernentes à gestão e à destinação ambiental adequada dos resíduos sólidos no Brasil. Mas não só: é de forma concomitante uma política de prevenção e redução de resíduos, saneamento ambiental e sustentabilidade urbana, além de ter como um de seus nortes a inclusão social de catadores de materiais recicláveis. Todo este amplo espectro de diretrizes aponta para a relevância e a complexidade socioambiental, econômica e de gestão da Política Nacional de Resíduos.

Para melhor compreensão da temática a que nos propusemos, parece-nos pertinente a contextualização do tema "resíduos" no cenário internacional e a indagação de qual foi o momento em que o "lixo" tornou-se uma problemática e foi inserido na agenda pública internacional, para, a seguir, compreender como o Brasil se situa nesse processo.

Houve o crescimento paulatino da conscientização ambiental na sociedade internacional, com destaque, em 1972, para o relatório do Clube de Roma, *Os Limites do Crescimento*. Por sua vez, casos críticos de contaminação por descarte de resíduos no solo desencadearam uma reação pública, com a inserção da problemática "resíduos" na agenda política.[203] Consoante Fernando Rei, contaminação ocorrida em Times

---

[202] Excerto de "A Construção da Política Nacional de Resíduos Sólidos", de autoria de Teresa Villac, para o Projeto de pesquisa CNPq DESIGN DE PRODUTO, SUSTENTABILIDADE E A POLÍTICA NACIONAL DE RESÍDUOS SÓLIDOS, realizado pela Faculdade de Arquitetura e Urbanismo e pelo Programa de Pós-Graduação em Ciências Ambientais da Universidade de São Paulo, coordenado pela Professora Maria Cecília Loschiavo dos Santos e formado por uma equipe multidisciplinar de pesquisadores. Livro de acesso aberto "Design, Resíduo & Dignidade". (LOSCHIAVO DOS SANTOS, M. C. (Coord.). *Design, Resíduo & Dignidade*. São Paulo: Editora Olhares, 2014. Disponível em: http://www.usp.br/residuos/. Acesso em 10 nov. 2021).

[203] REI, F.; CASTRO NETO, P. P. Resíduos sólidos: marcos regulatórios internacionais e aspectos de importação. *In*: JARDIM, A.; YOSHIDA, C.; MACHADO FILHO, J. V. (Org.). *Política nacional*: gestão e gerenciamento de resíduos sólidos. Barueri: Manole, 2012.

Beach,[204] por uso de dioxina, para abatimento de poeira nas ruas de terra, levou a um endurecimento, em 1984, do Resource Conservation and Recovery Act (RCRA). Em um levantamento sobre o caso mencionado, tendo-se como perspectiva examinar a efetividade do direito de acesso à informação em questões socioambientais, verificou-se que os dados sobre a contaminação por dioxina em Times Beach estão disponibilizados no site da Environmental Protection Agency (EPA), inclusive no tocante às quantidades de dioxina. A investigação da EPA constatou a contaminação no solo, findando com a realocação permanente dos habitantes da cidade e a aquisição das propriedades pelo governo, configurados estes impactos socioambientais e econômicos relevantes e de longa duração.

Segundo Rei,[205] o transporte transfronteiriço irregular de resíduos do caso Tambores de Seveso (1982) foi o gatilho para a inserção do tema na agenda pública europeia, desencadeando regulamentação na então Comunidade Europeia, por meio da Diretiva nº 84/631/CEE do Conselho, relativa à vigilância e ao controle na Comunidade das transferências transfronteiriças de resíduos perigosos.

A Convenção de Basileia sobre o Controle de Movimentos Transfronteiriços de Resíduos Perigosos e seu Depósito foi concluída em 1989, tendo obtido adesão do Brasil e sendo internalizada no ordenamento em 1993 (Decreto nº 875).

Em aprofundamento à problemática "resíduos" e sua inserção na agenda internacional, já no ano de 1975 havia regulamentação sobre resíduos na então Comunidade Econômica Europeia (Diretiva nº 75/442/CEE). Por sua vez, as Diretivas nº 78/319/CEE e nº 91/689/CEE dispuseram sobre resíduos tóxicos e perigosos e a Diretiva nº 94/62/CE versou sobre embalagens, tendo estabelecido como prioridade a prevenção de resíduos. Seguiram-se a Diretiva nº 2006/12/CE, da Comunidade Europeia, e a Diretiva nº 2008/98/CE, do Parlamento Europeu e do Conselho, que visam proteger o ambiente e a saúde humana através da prevenção dos impactos adversos da produção e da gestão de resíduos.

Apesar dos avanços, somente em 2005 foi reconhecido pela União Europeia o acesso à informação, a participação do público no processo

---

[204] REI, F.; CASTRO NETO, P. P. Resíduos sólidos: marcos regulatórios internacionais e aspectos de importação. *In*: JARDIM, A.; YOSHIDA, C.; MACHADO FILHO, J. V. (Org.). *Política nacional*: gestão e gerenciamento de resíduos sólidos. Barueri: Manole, 2012.

[205] REI, F.; CASTRO NETO, P. P. Resíduos sólidos: marcos regulatórios internacionais e aspectos de importação. *In*: JARDIM, A.; YOSHIDA, C.; MACHADO FILHO, J. V. (Org.). *Política nacional*: gestão e gerenciamento de resíduos sólidos. Barueri: Manole, 2012.

de tomada de decisão e o acesso à justiça em matéria de ambiente (Convenção de Aarthus – Decisão 2005/370/CE).

Atualmente, a hierarquia de gestão de resíduos na União Europeia prioriza a prevenção de resíduos e apresenta a disposição em aterro como última possibilidade.

A análise empreendida possibilitou identificar alguns fatores desencadeantes para que a problemática "resíduo" fosse inserida na agenda internacional: repercussão negativa de contaminações, pressão pública, questões políticas e de soberania.

No Brasil, anteriormente à constituição da Política Nacional de Resíduos Sólidos, o cenário legislativo em matéria de resíduos assim se configurava:

a) Âmbito nacional: existência de normas ambientais esparsas e específicas para determinadas categorias de resíduos (gestão de resíduos de saúde, lubrificantes etc.).
b) Âmbito estadual: existência de Políticas de Resíduos Sólidos em alguns Estados da Federação, como Ceará (2001), Rio de Janeiro (2003), São Paulo (2006) e Minas Gerais (2009).
c) Âmbito municipal: competência dos municípios para os serviços de limpeza urbana.

Na Política Nacional de Resíduos Sólidos, a hierarquia definida para a gestão de resíduos estabelece a ordem de: não geração, redução, reutilização, tratamento e disposição. Assim, novos cenários socioambientais, de gestão pública e privada, jurídicos e econômicos foram configurados e implicaram conflitos de interesses, principalmente diante de algumas disposições introduzidas:

a) Reconhecimento do valor econômico do resíduo sólido.
b) Inserção dos catadores na gestão de resíduos.
c) Responsabilidade compartilhada pelo ciclo de vida do produto.
d) Acordos setoriais.
e) Logística reversa.
f) Planos de gestão.
g) Instrumentos econômicos.
h) Aspectos tributários.
i) Incentivos fiscais, financeiros e creditícios.
j) Fixação de prazo para erradicação dos lixões.

Os conflitos envolvem uma ampla gama de atores sociais, como o setor produtivo, fornecedores, indústria da reciclagem, poder público, catadores, importadores, pessoas físicas e jurídicas. Há de se destacar que eventuais conflitos de interesses podem existir não apenas entre os atores referidos, mas também internamente e em um mesmo grupo.

É neste cenário que o uso do poder de compra estatal se apresenta como indutor relevante também na sua perspectiva ampliada de consideração da cadeia reversa de suprimentos, ampliando os benefícios ambientais e sociais de uma contratação pública sustentável.

CAPÍTULO 6

GOVERNANÇA E SUSTENTABILIDADE: O ELO NECESSÁRIO

Os desafios para a institucionalização, o fortalecimento e a disseminação ampla da sustentabilidade na governança pública brasileira em uma perspectiva duradoura não podem ser debatidos com visões de médio prazo ou com foco predominantemente econômico. As soluções precisam ser construídas com contribuições da Ciência e da transversalidade. Os temas são complexos e quem assim não achar talvez não tenha dimensão dos diversos problemas ambientais nos quais estamos imersos, tais como mudanças climáticas, aquecimento global, catástrofes ambientais, desmatamentos, queimadas, entre outros.

6.1 A contribuição da Ciência para a governança pública, em face das mudanças climáticas

A complexidade contemporânea e das questões relacionadas ao meio ambiente tem trazido também novas metodologias que são consentâneas com o que, em ciências, denomina-se de Ciência Pós-Normal. No Brasil, nomes de destaque que se dedicaram ao tema são Pedro Jacobi, Silvia Helena Zanirato e Leandro Giatti, sendo os dois primeiros professores credenciados do Programa de Pós-Graduação em Ciência Ambiental da Universidade de São Paulo, e o último professor da Faculdade de Saúde Pública da mesma Universidade.

A Ciência Pós-Normal, que tem entre seus desenvolvedores em âmbito internacional Funtowicz e Ravetz,[206] tem como linha inicial

---

[206] FUNTOWICZ, Silvio O.; RAVETZ, Jerome R. Science for the post-normal age. *Futures*, v. 25, n. 7, London, set. 1993, 739-755.

a concepção que os problemas complexos não estão encontrando resolução por meio de pesquisas disciplinares.[207] Se na produção do conhecimento científico e acadêmico já se apercebeu a insuficiência disciplinar no enfrentamento das problemáticas ambientais, climáticas, sociais, culturais e econômicas da atualidade, não há como se persistir no apego a soluções estanques em termos de governança pública, logo, a contribuição da Ciência é não apenas necessária, mas imperiosa.

Assim, as mudanças climáticas, bem como todas as dimensões ambientais, sociais, econômicas e culturais da sustentabilidade não podem ser desconsideradas nas decisões dos gestores públicos. A busca da economicidade não pode se sobrepor ao cenário atual e a emergência climática demanda ações estatais em todas as esferas, desde uma micro decisão pontual, referente a uma contratação com eficiência energética, até as fundamentais decisões macroinstitucionais e impactantes nacionalmente.

Com efeito, o tema da sustentabilidade no setor público não é recente no Brasil, apesar de ainda pouco efetivo e disseminado. Há necessidade de sua integração com a governança, em uma premissa de trabalho que abarque a necessidade de enfrentamento das mudanças climáticas, com abordagem transversal e transdisciplinar.

6.2 A transversalidade dos temas

A noção de transversalidade decorre da discussão no campo da filosofia das ciências, que aponta para a necessidade de conciliar diferentes campos do conhecimento para se obter a melhor compreensão dos fenômenos sociais e ambientais. Essa perspectiva já pode ser aplicada, em primeiro plano, ao conceito de sustentabilidade.

Em uma abordagem inicial, vê-se que se pode considerar um equívoco epistemológico quando se pavimenta um caminho de aplicação do conceito de sustentabilidade, pautando-se na perspectiva de uma única ciência. Há diferentes visões de como se alcançar a sustentabilidade por diferentes disciplinas científicas. No entanto, algumas dessas disciplinas, consideradas fundamentais, apresentam grande dificuldade de interagir.[208]

---

[207] GIATTI, Leandro Luiz. *O paradigma da Ciência Pós-Normal:* participação social na produção de saberes e na governança socioambiental e de saúde. São Paulo: Annablume, 2015.
[208] MCMICHEAL, A. J.; BUTLER, C. D.; FOLKE, C. New visions for addressing sustaintability. *Science*, v. 302, 2003.

Sob esse prisma, Morin[209] argumenta que a incapacidade para dialogar e interagir com diversas ciências para melhor compreensão dos problemas da sociedade abriga, na verdade, uma atitude teimosa e voltada para o chamado pensamento simplificador. A visão de Edgar Morin é construída a partir da chamada "Teoria da Complexidade", que tem como base a crítica a esse pensamento reducionista.

Nesse sentido, é válido salientar também que o tratamento separado dos temas sustentabilidade e governança tem por consequência o não desenvolvimento de uma visão sistêmica, constituída por diferentes campos do conhecimento e que agregue contribuições de cientistas e técnicos especializados aos formuladores de políticas e gestores, a fim de que as análises dos problemas socioambientais e seus equacionamentos não sejam prejudicados.

Nessa senda, vê-se que os temas governança e sustentabilidade são aplicados em contextos de alta complexidade, o que sugere que eles dialogam entre si, sob o uso de diversos saberes científicos e técnicos. Dessa forma, percebe-se que, para compreender e lidar com a complexidade dos problemas, é recomendável a interação entre atores de diversas áreas do saber, o que explica a transversalidade desses temas.

Ademais, é válido apontar que a transversalidade dos temas governança e sustentabilidade exige, além da clara participação da sociedade civil, o intercâmbio eficaz entre cientistas e formuladores de políticas, sem ignorar o fato de que esses últimos devem estar dispostos a validar a qualidade da informação científica ofertada.

A partir desse processo dialético, poderá ser viabilizada uma dinâmica de interação efetiva entre os atores sociais interessados, visando a construir um caminho orientado para o desenvolvimento sustentável e para o fortalecimento da governança. Infere-se, portanto, que a transversalidade dos temas *governança* e *sustentabilidade* é a base para a compreensão de que se faz necessário construir um elo entre tais perspectivas. Esse elo é o ponto de partida para melhor compreensão de temas subjacentes que possam contribuir para a análise de como os objetivos da governança e da sustentabilidade nas organizações podem ser alcançados. Nesse sentido, as próximas seções irão abordar de que forma a inovação e as lideranças podem influenciar nesse processo.

---

[209] MORIN, Edgar. *Educação e complexidade*: os sete saberes e outrosensaios. São Paulo: Cortez, 2002

6.3 Inovação no setor público

Inovação pode ser considerado um tema transversal, que está inerente às perspectivas da governança e da sustentabilidade. Ele é um elemento crucial do elo que fortalece essas duas dimensões. Nesse sentido, convém pontuar como a literatura tem abordado a relação entre tais conceitos. Nidumolu et al.,[210] por exemplo, consideram que a sustentabilidade é o *driver* da inovação e tem grande potencial para promover inovação nos processos de trabalho. O autor defende a perspectiva da sustentabilidade orientada para serviços, a qual geralmente engloba inovações, que acabam residindo precipuamente na dimensão econômica. Todavia, a sustentabilidade deve ser vista em todo o ciclo de vida de um produto, na relação entre os *stakeholders* e em todos os elos da cadeia produtiva.

Nessa toada, Yang et al.[211] enfatizam que a inovação ambiental ingressa em várias etapas dos processos produtivos, englobando questões como redução de poluição, de eficiência energética, dentre outras. Os autores, ao discorrerem sobre os chamados "sistemas de produtos e serviços", asseveram que nesses modelos as inovações incitam a competitividade e agregam valor para os *stakeholders*, com a oferta de produtos e serviços que geram menos impacto ambiental e mais valores sociais e éticos.

É oportuno salientar que há uma robusta literatura que versa sobre o tema inovação e sustentabilidade. Macedo-Soares e Paula[212] realizaram um estudo bibliométrico para melhor compreenderem a literatura que aborda esse tema. Os autores dividiram tal estudo em três grupos de temas: o primeiro grupo diz respeito à relação entre inovação do produto/processo de sustentabilidade e à performance financeira, à estratégia, a alianças, bem como à governança para sustentabilidade; o segundo grupo é de transições para a sustentabilidade, o qual foca na difusão de modelos de negócios sustentáveis inovadores, especialmente em setores que podem ser considerados sistemas sociotécnicos, nos quais são contempladas diversas dimensões, envolvendo regime tecnológico, científico, político, de mercado e com foco nos usuários

---

[210] NIDUMOLU, R.; PRAHALAD, C. K.; RANGASWAMI, M. R. Why sustainability is now the key driver of innovation. *Harvard Business Review*, v. 87, n. 9, p. 56-64, 2009.

[211] YANG, M. *et al*. Sustainable value analysis tool for value creation. *Asian Journal of Management Science and Applications*, v. 1, n. 4, p. 312-332, 2014.

[212] MACEDO-SOARES, T.; DE PAULA, F. *Innovation & Sustainability*: preliminary Results on Research Tendencies and Gaps. 2018. Disponível em: https://gbata.org/wp-content/uploads/2019/04/GBATA-2018-Readings-Book.pdf. Acesso em 8 jun. 2021.

e na ótica sociocultural. Os estudos e pesquisas de transições para sustentabilidade focam nas mudanças relacionadas à produção e ao consumo sustentável, sob uma perspectiva interdisciplinar com base na inovação;[213] e o terceiro grupo é relacionado a modelos de inovação em negócios sustentáveis. A inovação sustentável geralmente exige mudanças nas diversas dimensões dos modelos de negócio, em que a proposição, a captura e a criação de valores estão em consonância com a ótica do *Triple Bottom* Line – TBL. Yang *et al*.[214] asseveram que modelos de negócios inovadores são caminhos para a criação e a captura de novos valores que podem orientar a produção e o consumo para a perspectiva da sustentabilidade. Os autores apontam que, a partir da análise dos valores capturados e não capturados, é possível gerar oportunidades de valores para os diversos *stakeholders* envolvidos com as diferentes etapas do ciclo de vida de um produto. Nesse sentido, eles desenvolvem uma ferramenta que auxilia nessa análise sob a ótica do TBL.

Nesse contexto, vê-se que a literatura aborda, sob diferentes perspectivas, a relação entre esses temas. É exatamente nesse sentido que a OCDE publicou o chamado "Manual OSLO", nele, o tema "inovação organizacional" é considerado como a implementação de um novo método organizacional na prática de negócios da instituição, no ambiente de trabalho da organização e nas relações externas. A inovação organizacional pode ser desenhada para melhorar a performance organizacional em função da redução dos custos administrativos e de transação, da melhoria da satisfação no ambiente do trabalho e, consequentemente da produtividade, pela redução dos custos dos insumos.[215]

Infere-se, portanto, que, a partir da sucinta análise da literatura dedicada à relação entre os temas inovação e sustentabilidade/governança, pode-se considerar que a inclusão dessas perspectivas nos processos decisórios nacionais tem grande potencial para o fortalecimento da governança e para o desenvolvimento sustentável. Isso pode ser corroborado ao analisarmos a atuação da OCDE na disseminação desses temas nas diferentes nações. Com efeito, as lideranças passaram a ter um papel fundamental nesse processo, o que será tratado na seção a seguir.

---

[213] MARKARD, J.; RAVEN, R.; TRUFFER, B. Sustainability transitions: An emerging field of research and its prospects. *Research Policy*, v. 41, n. 6, p. 955-967, 2012.

[214] YANG, M. *et al*. Sustainable value analysis tool for value creation. *Asian Journal of Management Science and Applications*, v. 1, n. 4, p. 312-332, 2014.

[215] OECD. *Oslo Manual-Guidelines for Collecting and Interpreting Innovation*. OECD, 2005.

6.4 Lideranças: um olhar para o futuro

A busca do elo entre a governança e a sustentabilidade tem como elemento basilar a atuação das lideranças no contexto das organizações. Há um mistério nesse espectro que ronda as instituições, que podem definir o rumo de um grupo específico ou da sociedade como um todo. Sob essa ótica, nota-se que os estudos teóricos sobre governança ressaltam a relação entre o chamado "agente" e o "principal" – no primeiro, encontram-se as lideranças e, no segundo, encontra-se a sociedade.

É nesse contexto que se torna imperioso compreender os fenômenos relacionados às lideranças e o que elas representam nas perspectivas da governança e da sustentabilidade. Liderança é um dos fenômenos mais pesquisados nas ciências sociais. Não existe uma definição única amplamente aceita na comunidade científica. Apesar da ausência de uma definição universal, Antonakis & Day[216] definem liderança como um tema contextualizado, formal ou informalmente, em um ambiente, de modo que representantes têm o poder de influenciar seus seguidores, grupo de seguidores ou instituições em direção à consecução dos objetivos específicos. A ciência da liderança é o estudo sistemático desses processos e seus resultados, bem como a forma como tais processos dependem do comportamento, das características e dos atributos dos líderes.

John Gardner[217] aponta que para entender o processo de liderança é necessário levar em consideração aspectos como desintegração social, desorientação moral, cultura, contexto e relações sociais. Gardner[218] e Burns[219] asseveram que uma das maiores inquietações universais do nosso tempo é o desejo de lideranças convincentes e criativas. Para os autores, há uma crise de liderança atual, que reside na mediocridade e irresponsabilidade de muitos homens e mulheres no poder. A crise central relacionada à mediocridade é de caráter intelectual. Se muito se sabe sobre os líderes, pouco se sabe sobre liderança. É preciso entender com maior profundidade a essência do líder, para então compreender e definir os parâmetros necessários para medir, recrutar ou rejeitar uma liderança.

---

[216] ANTONAKIS, J. Transformational and Charismatic Leadership. *In*: DAY, D. V.; ANTONAKIS, J. (Eds.). *The nature of leadership*. 2nd. ed. Sage Publications: Thousand Oaks, 2012.
[217] GARDNER, J. *The Cry for Leadership*. On Leadership: The Free Press, 1990.
[218] GARDNER, J. *The Cry for Leadership*. On Leadership: The Free Press, 1990.
[219] BURNS, J. The Crisis of Leadership. *In:* GARDNER, J. *On Leadership*. The Free Press, 1978. p 1-3.

Neste contexto, a ênfase excessiva em normatizações, regulamentos, instruções, portarias ou outros instrumentos de cunho operacional sem a contextualização dialógica, principiológica e constitucional, ou, ainda, a construção de uma pseudo hermenêutica que relaciona as normatizações infralegais a apenas alguns princípios ou objetivos, desconsiderando outros, nos levaria a meros operadores automatizados de uma falsa modernidade, em um modelo de governança pública perverso, lembrando-se, como contraposição, o pensamento de Martha Nussbaum,[220] para quem *love matters for justice*.

Nota-se que o perfil do líder pode ter papel crucial na busca do fortalecimento da governança e na adoção de práticas sustentáveis. Com efeito, algumas pesquisas sobre liderança têm focado na personalidade e no comportamento dos líderes, outras estudam a relação entre líderes e seguidores. Nesse sentido, percebe-se que características relacionadas à figura do líder têm de fato potencial para influenciar nos processos de trabalho e nas transformações organizacionais. Todavia, pode-se considerar que a figura do líder com suas características especiais pode influenciar, mas não é possível assegurar que seja suficiente para promover mudanças organizacionais ou adotar práticas sustentáveis na organização.

Nesse sentido, pode-se vislumbrar outras questões adjacentes ao papel da liderança e sua influência na organização, e, por conseguinte, na adoção de práticas sustentáveis e no fortalecimento da governança. Essa perspectiva se encontra relacionada, entre outros fatores, à motivação dos colaboradores da instituição e suas relações com as lideranças. Sob esse prisma, cabe referenciar os estudos de Nohria *et al.*,[221] que corroboram que os fatores motivacionais na relação de líderes e seguidores são essenciais na consecução dos objetivos organizacionais. Eles residem em um campo de conhecimento interdisciplinar, onde estão engendradas questões relacionadas à psicologia evolucionária, à ciência da cognição, à biologia, entre outras.[222]

Infere-se, portanto, a partir de estudos científicos, que as ações da liderança têm potencial para motivar os colaboradores e conduzi-los da melhor forma para consecução dos objetivos organizacionais,

---

[220] NUSSBAUM, Martha C. *Political emotions*: why love matters for justice. Cambridge: Massachusetts: the Belknap Press of Harvard University Press, e-book kindle, 2013.
[221] NOHRIA, N.; GROYSBERG, B.; LEE, L. Employee Motivation: a Powerful New Model. *Harvard Business Review*, jul./aug. 2008.
[222] NOHRIA, N.; GROYSBERG, B.; LEE, L. Employee Motivation: a Powerful New Model. *Harvard Business Review*, jul./aug. 2008.

com a sensação de prazer por fazer parte daquele processo e grupo, atendendo a comandos que estão relacionados à motivação individual de cada empregado, com a visão de que o todo é maior que a parte.

Nesse contexto, portanto, pode-se considerar que as lideranças têm papel fundamental no fortalecimento da governança e na perspectiva da sustentabilidade. Isso envolve a análise de questões relacionadas ao perfil, ao comportamento, ao relacionamento com seguidores e às partes interessadas, a competências socioemocionais, entre outros aspectos que fazem das lideranças uma das peças principais no tabuleiro da governança e da sustentabilidade. Dessa forma, ao olhar para o futuro das organizações, deve-se ter como foco a escolha das verdadeiras lideranças – aquelas que se preocupam com o bem-estar das futuras gerações.

***

REFERÊNCIAS

ABNT NBR. *Iso 31000*. 2009. Disponível em: https://gestravp.files.wordpress.com/2013/06/iso31000-gestc3a3o-de-riscos.pdf. Acesso em 10 mar. 2022.

AMBINA. *Relatório Anual 2020*. Disponível em: https://www.anbima.com.br/relatorioanual/2020/#/. Acesso em 12 maio 2022.

ANTONAKIS, J. Transformational and Charismatic Leadership. *In*: DAY, D. V.; ANTONAKIS, J. (Eds.). *The nature of leadership*. 2nd. ed. Sage Publications: Thousand Oaks, 2012.

BARKI, T. V. P. Direito internacional ambiental como fundamento jurídico para as licitações sustentáveis no Brasil. *In*: SANTOS, M. G.; BARKI, T. V. P. (Orgs.). *Licitações e contratações públicas sustentáveis*. Belo Horizonte: Fórum, 2011.

BARKI, T. V. P. Licitação e desenvolvimento nacional sustentável. *Debates em Direito Público*, v. 10, p. 261-274, 2011.

BATISTA JÚNIOR, Onofre Alves; CAMPOS, Sarah. A Administração Pública consensual na modernidade líquida. *In*: *Fórum Administrativo – FA*, Belo Horizonte, a. 14, n. 155, p. 31-43, jan. 2014.

BAZERMAN, M. H.; MOORE, D. A. *Judgment in Managerial Decision Making*. Hoboken, NJ: Wiley, 2008.

BECK, U. *Sociedade de risco*: rumo a uma outra modernidade. 2. ed. São Paulo: Editora 34, 2011.

BENJAMIN, A. H. de V. O Meio Ambiente na Constituição Federal de 1988. *Informativo Jurídico da Biblioteca Ministro Oscar Saraiva*, v. 19, n. 1, p. 37-80, jan./jun. 2008.

BETIOL, L. S. et al. *Compra sustentável*: a força do consumo público e empresarial para uma economia verde e inclusiva. 1. ed. São Paulo: GVCES, 2012. Disponível em: http://www.gvces.com.br/arquivos/130/CompraSust_web_dupla.pdf. Acesso em 20 mar. 2021.

BLIACHERIS, M. W. Socio-Environmental Responsibility in Public Administration. *In*: ROSSI, Ana Maria; MEURS, James A.; PERREWÉ, Pamela L. *Improving Employee Health and Well Being*. International Stress Management Association, 2013.

BRASIL. Advocacia-Geral da União (AGU). Consultoria-Geral da União. *Guia Nacional de Contratações Sustentáveis*. Brasília: AGU, 2020. Disponível em: https://www.gov.br/agu/pt-br/composicao/consultoria-geral-da-uniao-1/modelos-de-convenios-licitacoes-e-contratos/modelos-de-licitacoes-e-contratos/licitacoes-sustentaveis. Acesso em 18 abr. 2021.

BRASIL. *Constituição da República Federativa do Brasil*. Brasília, DF: Centro Gráfico, 1988.

BRASIL. *Decreto nº 10.024, de 20 de setembro de 2019*. Novo Decreto do Pregão Eletrônico. Disponível em: https://www.gov.br/compras/pt-br/assuntos/novo-pregao-eletronico. Acesso em 16 abr. 2021.

BRASIL. Decreto nº 5.296, de 2 de dezembro de 2004. Regulamenta a Lei nº 10.098, de 19 de dezembro de 2000, que estabelece normas gerais e critérios básicos para a promoção da acessibilidade das pessoas portadoras de deficiência ou com mobilidade reduzida, e dá outras providências. *Diário Oficial da União*, Brasília, 3 dez. 2014. Disponível em: http://www.planalto.gov.br/ccivil_03/_ato2004-2006/2004/decreto/d5296.htm. Acesso em 22 set. 2020.

BRASIL. *Decreto nº 7.746, de 5 de junho de 2012*. Regulamenta o art. 3º da Lei nº 8.666, de 21 de junho de 1993, para estabelecer critérios e práticas para a promoção do desenvolvimento nacional sustentável nas contratações realizadas pela administração pública federal direta, autárquica e fundacional e pelas empresas estatais dependentes, e institui a Comissão Interministerial de Sustentabilidade na Administração Pública – CISAP. Brasília, DF, 5 jun. 2012.

BRASIL. Decreto nº 8250, de 23 de maio de 2014. Altera o Decreto nº 7.892, de 23 de janeiro de 2013, que regulamenta o Sistema de Registro de Preços previsto no art. 15 da Lei nº 8.666, de 21 de junho de 1993. *Diário Oficial da União*, Brasília, DF, 26 mai. 2014, retificado em 27 mai. 2014. Disponível em: http://www.planalto.gov.br/ccivil_03/_ato2011-2014/2014/decreto/D8250.htm. Acesso em 14 fev. 2022.

BRASIL. *Instrução Normativa nº 01, de 19 de janeiro de 2010*. Secretaria de Logística e Tecnologia da Informação do Ministério do Planejamento, Orçamento e Gestão (MPOG). Dispõe sobre os critérios de sustentabilidade ambiental na aquisição de bens, contratação de serviços ou obras pela Administração Pública Federal direta, autárquica e fundacional e dá outras providências. Brasília, DF, 19 jan. 2010.

BRASIL. *Instrução Normativa nº 10, de 12 de novembro de 2012*. Secretaria de Logística e Tecnologia da Informação do Ministério do Planejamento, Orçamento e Gestão (MPOG). Estabelece regras para elaboração dos Planos de Gestão de Logística Sustentável de que trata o art. 16, do Decreto nº 7.746, de 5 de junho de 2012, e dá outras providências. Brasília, DF, 12 nov. 2012.

BRASIL. Lei Complementar nº 123, de 14 de dezembro de 2006. Institui o Estatuto Nacional da Microempresa e da Empresa de Pequeno Porte; e dá outras providências. *Diário Oficial da União*, Brasília, DF, 15 dez. 2006. Disponível em: http://www.planalto.gov.br/ccivil_03/leis/LCP/Lcp123.htm. Acesso em 23 fev. 2021.

BRASIL. Lei Complementar nº 147, de 7 de agosto de 2014. Altera a Lei Complementar nº 123, de 14 de dezembro de 2006; e dá outras providências. *Diário Oficial da União*, Brasília, 8 ago. 2014. Disponível em: http://www.planalto.gov.br/ccivil_03/leis/lcp/lcp147.htm. Acesso em 23 fev. 2021.

BRASIL. Lei nº 10.098, de 19 de dezembro de 2000. Estabelece normas gerais e critérios básicos para a promoção da acessibilidade das pessoas portadoras de deficiência ou com mobilidade reduzida, e dá outras providências. *Diário Oficial da União*, Brasília, DF, 20 dez. 2000. Disponível em: http://www.planalto.gov.br/ccivil_03/leis/l10098.htm. Acesso em 20 set. 2020.

BRASIL. Lei nº 12.187, de 29 de dezembro de 2009. Institui a Política Nacional sobre Mudança do Clima – PNMC e dá outras providências. *Diário Oficial da União*, Brasília, DF, 2009. Disponível em: http://www.planalto.gov.br/ccivil_03/_ato2007-2010/2009/lei/l12187.htm. Acesso em 20 nov. 2020.

BRASIL. Lei nº 12.305, de 2 de agosto de 2010. Institui a Política Nacional de Resíduos Sólidos, 2010; altera a Lei nº 9.605, de 12 de fevereiro de 1998; e dá outras providências. *Diário Oficial da União*, Brasília, DF, 2010. Disponível em: http://www.planalto.gov.br/ccivil_03/_ato2007-2010/2010/lei/l12305.htm. Acesso em 20 nov. 2020.

BRASIL. Lei nº 12.349, de 15 de dezembro de 2010. Altera as Leis nºs 8.666, de 21 de junho de 1993, 8.958, de 20 de dezembro de 1994, e 10.973, de 2 de dezembro de 2004; e revoga o §1º do art. 2º da Lei nº 11.273, de 6 de fevereiro de 2006. *Diário Oficial da União*, Brasília, DF, 2010. Disponível em: http://www.planalto.gov.br/ccivil_03/_Ato2007-2010/2010/Lei/L12349.htm. Acesso em 20 nov. 2020.

BRASIL. Lei nº 13.146, de 6 de julho de 2015. Institui a Lei Brasileira de Inclusão da Pessoa com Deficiência (Estatuto da Pessoa com Deficiência). *Diário Oficial da União*, Brasília, DF, 07 jul. 2015. Disponível em: http://www.planalto.gov.br/ccivil_03/_ato2015-2018/2015/lei/l13146.htm. Acesso em 18 abr. 2021.

BRASIL. Lei nº 14.133, de 01 de abril de 2021. Lei de Licitações e Contratos Administrativos. *Diário Oficial da União*, Brasília, DF, 2021. Disponível em: http://www.planalto.gov.br/ccivil_03/_ato2019-2022/2021/lei/L14133.htm. Acesso em 20 abr. 2021.

BRASIL. Lei nº 6.938, de 31 de agosto de 1981. Dispõe sobre a Política Nacional do Meio Ambiente, seus fins e mecanismos de formulação e aplicação, e dá outras providências. *Diário Oficial da União*, Brasília, 2 set. 1981. Disponível em: http://www.planalto.gov.br/ccivil_03/leis/l6938.htm. Acesso em 23 mar. 2020.

BRASIL. Lei nº 8.213 de 24 de julho de 1991. Dispõe sobre Planos e Benefícios da Previdências e dá outras providências à contratação de portadores de necessidades especiais. *Diário Oficial da União*, Brasília, DF, de 25 jul. 1991. Disponível em: http://www.planalto.gov.br/ccivil03/leis/l8213compilado.htm. Acesso em 20 mar. 2021.

BRASIL. Lei nº 8.666, de 21 de junho de 1993. Regulamenta o art. 37, inciso XXI, da Constituição Federal, institui normas para licitações e contratos da Administração Pública e dá outras providências. *Diário Oficial da União*, Brasília, DF, 22 jun. 1993. Disponível em: http://www.planalto.gov.br/ccivil_03/Leis/L8666cons.htm. Acesso em 20 nov. 2020.

BRASIL. Ministério do Meio Ambiente. *A história da A3P.* 2021. Disponível em: http://a3p.mma.gov.br/historia/. Acesso em 07 nov. 2021.

BRASIL. Ministério do Meio Ambiente. *Agenda 21 Brasileira.* [s.d.]. Disponível em: https://antigo.mma.gov.br/responsabilidade-socioambiental/agenda-21/agenda-21-brasileira.html. Acesso em 06 nov. 2021.

BRASIL. *Portaria nº 317, de 19 de junho de 2012.* Instituto Nacional de Metrologia, Qualidade e Tecnologia. Dispõe sobre requisitos gerais de sustentabilidade em processos produtivos. Rio de Janeiro, jun. 2012. Disponível em: http://www.inmetro.gov.br/legislacao/rtac/pdf/RTAC001852.pdf. Acesso em 10 mai. 2021.

BRASIL. *Referencial Básico de Governança Organizacional para organizações públicas e outros entes jurisdicionados ao TCU.* 3. ed. Brasília: TCU, 2020. Disponível em: https://portal.tcu.gov.br/governanca/governancapublica/organizacional/levantamento-de-governanca/. Acesso em 14 fev. 2022.

BRAUNGART, M.; MCDONOUGH, W. *Cradle to Cradle*. 1. ed. Barcelona: Criar e Reciclar ilimitadamente, 2014.

BRITO, F. Pires. *Contratações Públicas Sustentáveis*: (Re) leitura verde da atuação do estado brasileiro. Rio de Janeiro: Lumen Juris, 2020.

BURNS, J. The Crisis of Leadership. *In*: GARDNER, J. *On Leadership*. The Free Press. 1978.

CAMISÓN, C.; VILLAR-LÓPEZ, A. Organizational innovation as an enabler of technological innovation capabilities and firm performance. *Journal of Business Research*, v. 67, n. 1, p. 2891-2902, 2014.

CASTELLS, Manuel. *A Sociedade em Rede*. Lisboa: Fundação Calouste Gulbenkian, 2007.

CONFERÊNCIA DAS NAÇÕES UNIDAS SOBRE O DESENVOLVIMENTO SUSTENTÁVEL. *Relatório de Sustentabilidade da Rio+20*. 2012. Disponível em: http://www.rio20.gov.br/documentos/relatorio-rio-20/1.-relatorio-rio-20/at_download/relatorio_rio20.pdf. Acesso em 20 mai. 2020.

COUTO, H.; RIBEIRO, F. Objetivos e Desafios da Política de Compras Sustentáveis no Brasil: a opinião dos especialistas. *Rev. Adm. Pública*, Rio de Janeiro, n. 50, v. 2, mar./abr. 2016.

CRESPO, S. *Conta quem viveu – escreve quem se atreveu*: crônicas do meio ambiente no Brasil. São Paulo: Instituto Envolverde, 2021.

DELMONICO, D. *et al*. Unveiling barriers to sustainable public procurement in emerging economies: Evidence from a leading sustainable supply chain initiative in Latin America. *Resources, Conservation e Recycling*, v. 134, p. 70-79, 2018.

EMENTÁRIO.INFO. *Ementário de Gestão Pública nº 2300*. 2019. Disponível em: http://ementario.info/2019/07/30/ementario-de-gestao-publica-no-2-300.htm. Acesso em 10 ago. 2021.

ENGLER, J-O. *et al*. *Navigating cognition biases in the search of sustainability*. Royal Swedish Academy of Sciences 2018. Ambio 2019, 48:605–618. Disponível em: https://doi.org/10.1007/s13280-018-1100-5. Acesso em: 15 mar. 2021.

EVANS, St. B. T. Dual Processing Accounts of Reasoning, Judgment and Social Cognition. *Annual Review of Psychology*, v. 59, p. 255-278, 2008.

FELDMANN, F. Para dar respostas à sociedade. Entrevista. *Revista 22*, Edição Especial: O que importa na agenda ESG brasileira? 12 nov. 2021.

FERRAZ JÚNIOR, T. A relação meio/fim na teoria geral do direito administrativo. The middle / end relationship in the general theory of administrative law. *Revista de Direito Administrativo e Infraestrutura – RDAI*, São Paulo: Thomson Reuters – Livraria RT, v. 1, n. 2, p. 413–421, 2017. Disponível em: https://rdai.com.br/index.php/rdai/article/view/126. Acesso em 13 nov. 2021.

FERRAZ JÚNIOR, T. *Introdução ao Estudo do Direito – Técnica, Decisão, Dominação*. 4. ed. rev. e ampliada. São Paulo: Atlas, 2003.

FREITAS, J. *Direito fundamental à boa administração pública*. São Paulo: Malheiros, 2014.

FREITAS, J. *Sustentabilidade*: direito ao futuro. 4. ed. Belo Horizonte: Fórum, 2019.

FREITAS, J.; FREITAS, T. B. *Direito e inteligência artificial*: em defesa do humano. Belo Horizonte: Fórum, 2020.

FUNTOWICZ, Silvio O.; RAVETZ, Jerome R. Science for the post-normal age. *Futures*, v. 25, n. 7, London, set. 1993, 739-755.

GARDNER, J. *The Cry for Leadership*. On Leadership: The Free Press, 1990.

GIATTI, Leandro Luiz. *O paradigma da Ciência Pós-Normal:* participação social na produção de saberes e na governança socioambiental e de saúde. São Paulo: Annablume, 2015.

GLOBAL REPORT INICIATIVE (GRI). *Como usar os padrões GRI*. [s.d.]. Disponível em: https://www.globalreporting.org/how-to-use-the-gri-standards/. Acesso em 20 set. 2021.

GRANDIA, J. Examining the mediating role of sustainable public procurement behaviour. *Journal of Cleaner Production*, n. 124, fev. 2016.

HEGENBERG, J. T. *As compras públicas sustentáveis no Brasil*: um estudo nas universidades federais. Dissertação (Mestrado). Universidade Tecnológica Federal do Curitiba, Paraná, 2013.

INSTITUTO BRASILEIRO DE GEOGRAFIA E ESTATÍSTICA (IBGE). *Série histórica – Participação da Despesa de Consumo das Administrações Públicas em relação ao Produto Interno Bruto*. Disponível em: https://seriesestatisticas.ibge.gov.br/series.aspx?vcodigo=SCN34 &t=participacao-despesa-%2520consumo-administracoes-publicas-brem. Acesso em 10 nov. 2021.

INSTITUTO DE PESQUISAS ECONÔMICA E APLICADA (IPEA). *Análise Comparada sobre Medidas de Favorecimento de Micro e Pequenas Empresas (MPEs) em Compras Públicas com Avaliação de Eficácia e Identificação de Melhores Práticas*. 2018. Disponível em: http://www.ipea.gov.br/portal/images/stories/PDFs/TDs/td_2422.pdf. Acesso em 29 ago. 2021.

ISO 20400. *Compras Sustentáveis*. 2018. Inmetro. Portaria nº 317, de 19 de junho de 2012. Disponível em: https://www.iso20400.org/wp-content/uploads/2019/03/ISO20400_one-page-PT.pdf. Acesso em 05 mai. 2021.

IWAKURA, C. R. Legal design e acesso à justiça: criação de sistemas processuais eletrônicos acessíveis e ferramentas intuitivas no ambiente jurídico digital. *In*: NUNES, D. *et al*. (Org.). *Direito Processual e tecnologia*: os impactos da virada tecnológica no âmbito mundial. Salvador: Editora Juspodivm, 2021.

JACOBI, Pedro Roberto; MORETTO, Evandro Mateus; BEDUSCH FILHO, Luiz Carlos; SINISGALLI, Paulo de Almeida. Aprendizagem social e plataformas de agentes múltiplos (multi-agentes) como instrumentos para o aprimoramento da participação social na governança da água. *In*: JACOBI, Pedro Roberto; MORETTO, Evandro Mateus; BEDUSCHI FILHO, Luiz Carlos; SINISGALLI, Paulo de Almeida (orgs.). *Aprendizagem social na gestão compartilhada de recursos hídricos*: desafios, oportunidades e cooperação entre atores sociais. São Paulo. Annablume, 2012. p. 15-31.

JUSTEN FILHO, Marçal. *Comentários à Lei das Licitações e Contratos Administrativos*. 10. ed. São Paulo: Dialética, 2004.

KAARONEN, R. O. Affording sustainability: adopting a theory of affordances as a guiding heuristic for environmental policy. *Frontiers in Psychology 8*, 1974. Disponível em: https://doi.org/10.3389/fpsyg.2017.01974. Acesso em 14 fev. 2017.

KAHNEMAN, D.; KLEIN, G. Conditions for Intuitive Expertise: a Failure to Disagree. *American Psychologist*, v. 64, n. 6, p. 515-526, 2009.

KINGDON, J. W. *Agendas, alternatives and public policies*. 2. ed. New York: Longman Publishing Group, 1997.

KOTLER, P. *Administração de marketing*. São Paulo: Prentice Hall, 2000.

LEJARRAGA, J.; PINDARD-LEJARRAGA, M. *Bounded rationality*: cognitive limitations or adaptation to the environment? The Implications of ecological rationality for management learning. Academy of Management Learning e Education, in press. 2020. Disponível em: https://doi.org/10.5465/amle.2019.0189. Acesso em 12 dez. 2020.

LIMBERGER, T. *Cibertransparência*: informação pública em rede – a virtualidade e suas repercussões na realidade. Porto Alegre: Livraria do Advogado, 2016.

LOSCHIAVO DOS SANTOS, M. C. (Coord.). *Design, Resíduo & Dignidade*. São Paulo: Editora Olhares, 2014. Disponível em: http://www.usp.br/residuos/. Acesso em 10 nov. 2021.

MACEDO-SOARES, T.; DE PAULA, F. *Innovation & Sustainability*: preliminary Results on Research Tendencies and Gaps. 2018. Disponível em: https://gbata.org/wp-content/uploads/2019/04/GBATA-2018-Readings-Book.pdf. Acesso em 8 jun. 2021.

MACHADO FILHO, A. C. M.; IWAKURA, C. R. Legal Design na Advocacia Pública Federal. In: COELHO, A. Z.; SOUZA, B. de A. (Org.). *Legal design e visual law no Poder Público*. São Paulo: Revista dos Tribunais, 2021.

MARKARD, J.; RAVEN, R.; TRUFFER, B. Sustainability transitions: An emerging field of research and its prospects. *Research Policy*, v. 41, n. 6, p. 955-967, 2012.

MCMICHEAL, A. J.; BUTLER, C. D.; FOLKE, C. New visions for addressing sustaintability. *Science*, v. 302, 2003.

MORIN, Edgar. *Educação e complexidade*: os sete saberes e outros ensaios. São Paulo: Cortez, 2002.

MOREIRA, P.; GROTTA, R.; JÚNIOR, C. Compras Públicas Sustentáveis: uma análise dos processos de compras do governo federal nos últimos cinco anos. *Latin American Journal of Business Management – LAJBM*, v. 8, n. 2, p. 214-236, jul./dez. 2017.

NIDUMOLU, R.; PRAHALAD, C. K.; RANGASWAMI, M. R. Why sustainability is now the key driver of innovation. *Harvard Business Review*, v. 87, n. 9, p. 56-64, 2009.

NOHRIA, N.; GROYSBERG, B.; LEE, L. Employee Motivation: a Powerful New Model. *Harvard Business Review*, jul./aug. 2008.

NOVAES, Washington. *Agenda 21*: um novo modelo de civilização. Disponível em: https://antigo.mma.gov.br/estruturas/agenda21/_arquivos/caderno_rosa.pdf. Acesso em 12 maio 2022.

NUSSBAUM, Martha C. *Political emotions*: why love matters for justice. Cambridge: Massachusetts: the Belknap Press of Harvard University Press, e-book kindle, 2013.

OCDE. *Recomendação do Conselho em Matéria de Contratos Públicos*. [S.D.]. Disponível em: https://www.oecd.org/gov/ethics/Recomenda%C3%A7%C3%A3o-conselho-contratos.pdf. Acesso em 28 ago. 2019.

OECD. *Oslo Manual-Guidelines for Collecting and Interpreting Innovation*. OECD, 2005.

OECD. *Promoting Sustainable Consumption*: Good Pratices in OECD Countries. 2008. Disponível em: www.ecd.org/publishing/corrigenda. Acesso em 20 fev. 2021.

ONU. UNITED WORLD. World Commission on Environment and Development. *Our common future*: report of the world commission on environment and development. Oxford: Oxford University, 1987.

ONU Brasil. *Os objetivos de desenvolvimento do milênio*. 22 jun. 2010. Disponível em: https://brasil.un.org/pt-br/66851-os-objetivos-de-desenvolvimento-do-milenio. Acesso em 09 nov. 2021.

ONU Brasil. *Os objetivos de desenvolvimento sustentável no Brasil*. 2015. Disponível em: https://brasil.un.org/pt-br/sdgs#:~:text=e%20no%20mundo.-,Os%20Objetivos%20de%20Desenvolvimento%20Sustent%C3%A1vel%20no%20Brasil,de%20paz%20e%20de%20prosperidade. Acesso em 09 nov. 2021.

OPEN GOVERNMENT PARTNERSHIP. *Declaração de governo aberto*. set. 2011. Disponível em: www.opengovpartnership.org/open-government-declaration. Acesso em 10 nov. 2021.

ORLANDI, E. L. P. A Análise de Discurso em suas diferentes tradições intelectuais: o Brasil. *Seminário de Estudos em Análise de Discurso*, v. 1, p. 8-18, 2003.

ORLANDI, E. L. P. Discurso e argumentação: um observatório do político. *Fórum Linguístico*, v. 1, n. 1, p. 73-81, 1998.

PNUD. What are the Sustainable Development Goals? [s.d.]. Disponível em: https://www.br.undp.org/content/brazil/pt/home/sustainable-development-goals.html. Acesso em: 12 maio 2022.

PNUD. Data Futures Platform. Website. https://data.undp.org/about/ Acesso em:12/05/2022.

POLLAK, M. Memória e identidade social. *Estudos Históricos*, Rio de Janeiro, v. 5, n. 10, p. 200-2012, 1992.

POWEL, T. C.; LOVALLO, D.; FOX, C. R. Behavioral Strategy. *Strategic Management Journal*, n. 32, p. 1369-1386, 2011.

PRESGRAVE, A. B. *et al*. *Visual Law*: o design em prol do aprimoramento da advocacia. Brasília: OAB Editora, 2021.

PREUSS, L. Addressing sustainable development through public procurement: the case of local government. *Supply Chain Management – an International Journal*, v. 14, n. 3, p. 213-223, 2009.

PREUSS, L.; WALKER, H. Psychological barriers in the road to sustainable development: evidence from public sector procurement. *Public Administration*, Oxford, v. 89, n. 2, p. 493-521, jun. 2011.

REI, F.; CASTRO NETO, P. P. Resíduos sólidos: marcos regulatórios internacionais e aspectos de importação. *In*: JARDIM, A.; YOSHIDA, C.; MACHADO FILHO, J. V. (Org.). *Política nacional*: gestão e gerenciamento de resíduos sólidos. Barueri: Manole, 2012.

SABATIER, Paul A.; WEIBLE. Christopher M. The advocacy coalition framework: Innovations and clarifications. *In*: *Theories of the policy process*. Routledge, 2019.

SCHMIDHEINY, S. *Mudando o rumo*: uma perspectiva empresarial global sobre meio ambiente e desenvolvimento. Rio de Janeiro: Fundação Getulio Vargas, 1992.

SHARMA, S.; VREDENBURG, H. Proactive Corporate Environmental Strategy and the Development of Competitively Valuable Capabilities. *Strategic Management Journal*, n. 19, v. 8, p. 729-753, 1998.

SHU, L.; BAZERMAN, M. Cognitive Barriers to Environmental Action: problems and Solutions. *Harvard Business Review*, Working paper, p. 11-46, 2010.

SILVA, R. C. Compras compartilhadas sustentáveis: construindo um novo paradigma. *Revista do 5º Congresso Brasileiro de Gestão do Ministério Público*, p. 75-84, 2014. Disponível em: http://www.cnmp.mp.br/portal/images/Revista_5_congresso_CNMP_2.PDF. Acesso em 29 set. 2015.

SILVA, R. C. *Compras compartilhadas sustentáveis*: uma experiência compartilhada. Rio de Janeiro: Prêmio Ministro Gama Filho do Tribunal de Contas do Estado do Rio de Janeiro, 2016. Disponível em: https://www.tce.rj.gov.br/web/ecg/premio-ministro-gama-filho-20161. Acesso em 13 set. 2019.

SILVA, R. C. *et al*. Sustainable public procurement: the Federal Public Institution's shared system. *REGE Revista de Gestão*, n. 25, v. 1, p. 09-24, 2018. Disponível em: https://www.revistas.usp.br/rege/article/view/144404. Acesso em 10 set. 2019.

SILVA, R. C.; BARKI, T. V. P. Compras públicas compartilhadas: a prática das licitações sustentáveis. *Revista do Serviço Público*, Brasília, v. 63, n. 2, p. 157-169, abr./jun. 2012.

SILVA, R. C.; BARROS, F. Produção Mais Limpa no Brasil: P + L: vantagens e Limitações. In: *Encontro Internacional sobre Gestão Empresarial e Meio Ambiente – ENGEMA 2003*. FEA/USP, 2003.

SOUZA, M. T. S.; OLIVERO, S. M. Compras Públicas Sustentáveis: um estudo da incorporação de critérios socioambientais nas licitações do governo do Estado de São Paulo. In: *ANPAD, XXXIV ENANPAD*, Rio de Janeiro: Anais, 2010.

TESTA, F. *et al.* What factors influence the uptake of GPP (green public procurement) practices? *Ecological Economics 82*, p. 88-96, 2012.

THORSTENSEN, Vera; ARIMA JÚNIOR, Mauro Kiithi (Coords.). *O Brasil e o modelo de governança da OCDE*. São Paulo: OCDE: Centro de Estudos do Comércio Global e Investimentos e VT Assessoria Consultoria e treinamento Ltda., 2020.

TVERSKY, A.; KAHNEMAN, D. Judgment Under Uncertainty: Heuristics and Biases. *Science, New Series*, v. 185, n. 4.157, p. 1124-1131, set. 1974.

UEHARA, T. *Public Procurement for sustainable development*: a framework for the public sector. Chatan House: Energy, Environment and Resources Programme, nov. 2020.

UK SUSTAINABLE PROCUREMENT TASK FORCE. *Procuring the Future*. London: Department for Environment, Food and Rural Affairs, 2006. Disponível em: http://www.defra.gov.uk/sustainable/government/documents/ful-document.pdf. Acesso em 25 nov. 2020.

UNITED NATIONS ENVIRNOMENT PROGRAMME (UNEP). Division of Technology, Industry and Economic – (DTIE). *Cleaner Production*. Disponível em: http://www.uneptie.org. Acesso em 20 jan. 2021.

UNITED NATIONS GLOBAL COMPACT. *Os dez princípios do Pacto Global da ONU*. [s.d.]. Disponível em: https://www.unglobalcompact.org/what-is-gc/mission/principles. Acesso em 10 mar. 2021.

VEIGA. José Eli da. *O antropoceno e a ciência do sistema Terra*. São Paulo: Editora 34, 2019.

VIEIRA, Liszt. *Os argonautas da cidadania*. Rio de Janeiro: Record, 2001.

VIEIRA, Liszt. Notas sobre o Conceito de Cidadania. *Revista Brasileira de Informação Bibliográfica em Ciências Sociais - BIB*, São Paulo, v. 1, n. 51, p. 35- 47, jan./jun. 2001.

VIEIRA, Liszt. *Cidadania e globalização*. Rio de Janeiro: Record, 2005.

VILLAC, T. Advocacia pública consultiva: reflexões à luz do pensamento de Martha Nussbaum e Amartya Sen. In: MENDONÇA, André Luiz de Almeida *et al.* (Orgs.). *O novo papel da advocacia pública consultiva no século XXI*. Belo Horizonte: Editora D'Plácido, 2020.

VILLAC, T. *Licitações Sustentáveis no Brasil*. 2. ed. Belo Horizonte: Fórum, 2020.

WALKER, H.; BRAMMER, S. The relationship between sustainable procurement and e-procurement in the public sector. *Int. J. Production Economics*, v. 140, p. 256-268, 2012.

WARPECHOWSHI, A. C. M.; GODINHO, H. H. A. M; IOCKEN, S. N. *Políticas Públicas e os ODS da Agenda 2030*. Belo Horizonte: Fórum, 2021.

WEBER, E. U.; JOHNSON, E. J. Mindful Judgement and Decision Making. *Center for the Decision Science (CDS)*, New York: Columbia University, a. 1027, ver. Psycol, v. 60, p. 53-85, 2009.

WEDY, G. *O princípio constitucional da precaução como instrumento de tutela do meio ambiente e da saúde pública*. 3. ed. Belo Horizonte: Editora Fórum, 2020.

WITJES, S.; LOZANO, R. Towards a more Circular Economy: proposing a framework linking sustainable public procurement and sustainable business models. *Resources, Conservation e Recycling*, v. 112, p. 37-44, 2016.

WORLD BANK. *Governance*: the World Bank Experience. 1994. Disponível em: http://documents.worldbank.org/curated/pt/711471468765285964/Governance-the-World-Banks-experience. Acesso em 01 ago. 2021.

YANG, M. *et al*. Sustainable value analysis tool for value creation. *Asian Journal of Management Science and Applications*, v. 1, n. 4, p. 312-332, 2014.

ZHANG, S. X.; CUETO, J. The Study of Bias in Entrepreneurship. *Entrepreneurship Theory and Pratice*, 2017.

Esta obra foi composta em fonte Palatino Linotype, corpo 10
e impressa em papel Offset 75g (miolo) e Supremo 250g (capa)
pela Gráfica Formato.